LA TOUR

ET

SON OEUVRE

AU MUSÉE DE SAINT-QUENTIN

PAR

HENRY LAPAUZE

CONSERVATEUR ADJOINT DU PALAIS DES BEAUX-ARTS DE LA VILLE DE PARIS

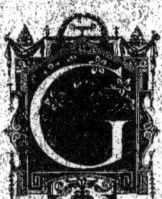

PARIS

GOUPIL & Cie, ÉDITEURS-IMPRIMEURS
MANZI, JOYANT, & Cie, ÉDITEURS-IMPRIMEURS, SUCCESSEURS
24, BOULEVARD DES CAPUCINES

1905

MUSÉE DE SAINT-QUENTIN   PASTELS DE LA TOUR
                                          Nº 41

INCONNUE

Largeur : 0",24. — Hauteur : 0",32

Préparation.
Délicieuse d'espièglerie, de grâce malicieuse.
 Cette jeune femme, qu'on lutine sans doute, regarde un peu de côté en arrière, avec un sourire de gentil défi. Les beaux yeux allongés se veloutent d'une tendresse qui dément la raillerie mutine de la bouche. C'est d'une coquetterie, d'une fraîcheur, d'une séduction indescriptibles.
 Les lèvres entr'ouvertes laissent apercevoir l'éclat des dents, particulièrement unique entre tous ces sourires de femme si divers. Les cheveux, plats sur le front, sont à peine indiqués par une touche blanche de poudre. Les joues enfantines et rondes ont un éclat de nacre et une pulpe savoureuse à l'œil comme un fruit.
 On ne peut imaginer image plus captivante.

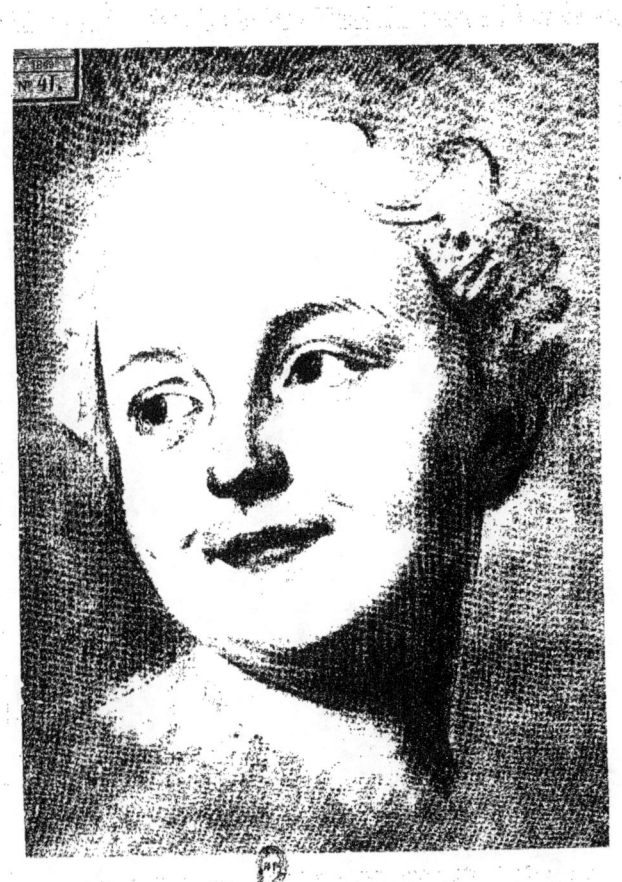

MUSÉE DE SAINT-QUENTIN   PASTELS DE LA TOUR
                                    N° 42

MADAME ROUSSEL

Largeur : 0^m,22. — Hauteur : 0^m,31

Roussel était un médecin philosophe, auteur d'un *Système physique et moral de la femme*.
 La sienne — d'après cette préparation de portrait par La Tour — était une belle personne, intelligente et impérieuse.
 Elle n'était plus toute jeune lorsqu'elle posa pour le pastelliste. L'ovale du visage est empâté, et le léger retrait un peu altier de la tête dessine le double menton. Le nez est trop long, les narines remontantes. Mais la bouche est délicate, souriante, les yeux bruns sont pleins d'expression, sous des sourcils dont le dessin manque de netteté.
 Les cheveux, brouillés de quelques coups de crayon, ne sont qu'indiqués. L'ensemble est agréable.

MUSÉE DE SAINT-QUENTIN   *PASTELS DE LA TOUR*
                                        N° 43

JEUNE FILLE

Largeur : 0^m,22. — Hauteur : 0^m,31

———————

Préparation très peu poussée.
Petit masque maladif et doux. Jolis yeux bruns inégaux, fine bouche sérieuse aux lèvres pâles, teint d'une transparence trop délicate.
Jeune figure touchante, d'une énigmatique mélancolie.

———————

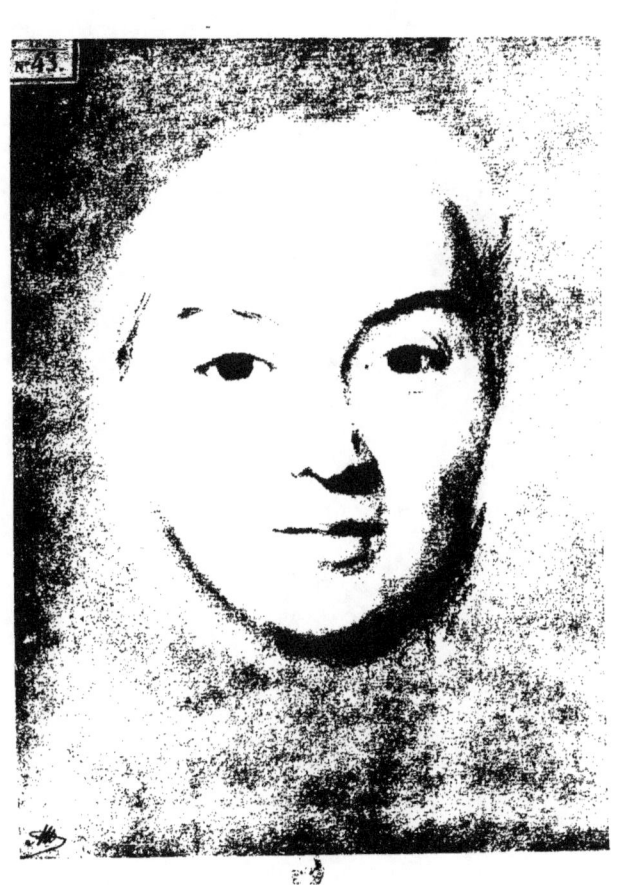

MUSÉE DE SAINT-QUENTIN PASTELS DE LA TOUR
N° 44

CRÉBILLON

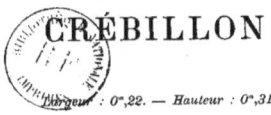
Largeur : 0",22. — Hauteur : 0",31

Préparation pour un portrait de Crébillon qui fit trente francs à la vente du Cabinet Denon, en 1826.
Le masque seulement.
Le sombre poète tragique nous montre une bonne figure de joyeux vieillard. L'âge se lit dans les rides, les fanons, la grise décoloration des chairs, particulièrement de l'oreille. Mais la vivacité des yeux le dément. Et l'on conçoit cet énergique bonhomme répondant à Louis XV :
« Non, Sire, je n'ai pas quatre-vingts ans. C'est mon extrait baptismal qui les a. »
(Salon de 1761).

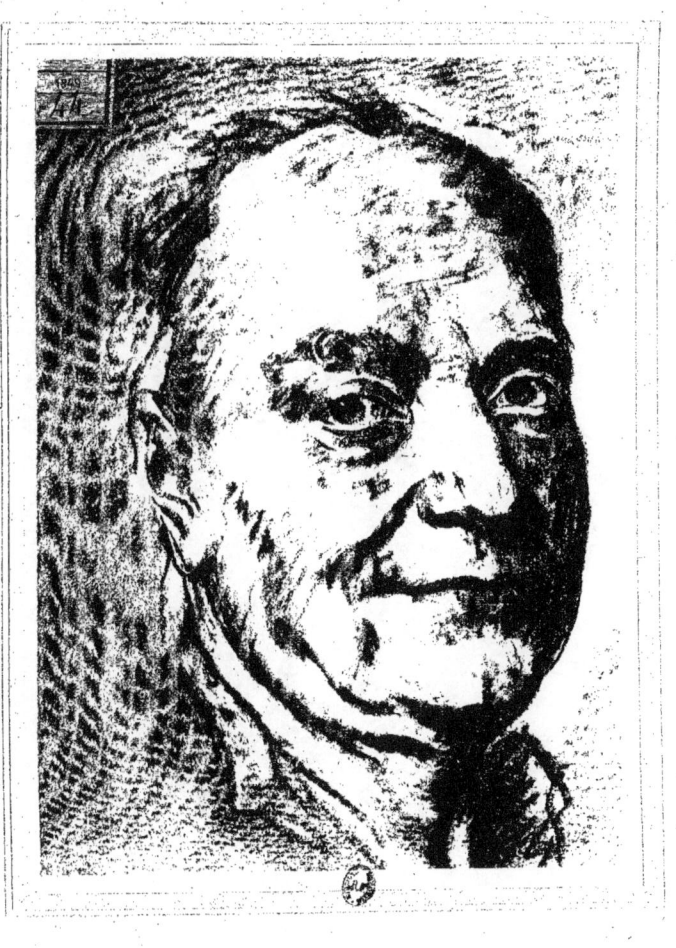

MUSÉE DE SAINT-QUENTIN   PASTELS DE LA TOUR
                           N° 45

INCONNUE

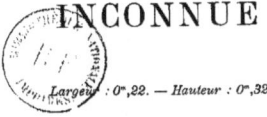 Largeur : 0^m,22. — Hauteur : 0^m,32

Préparation.
L'inégalité des yeux montre combien La Tour copiait fidèlement la vie jusque dans ses défauts.
Figure agréable, un peu sèche.

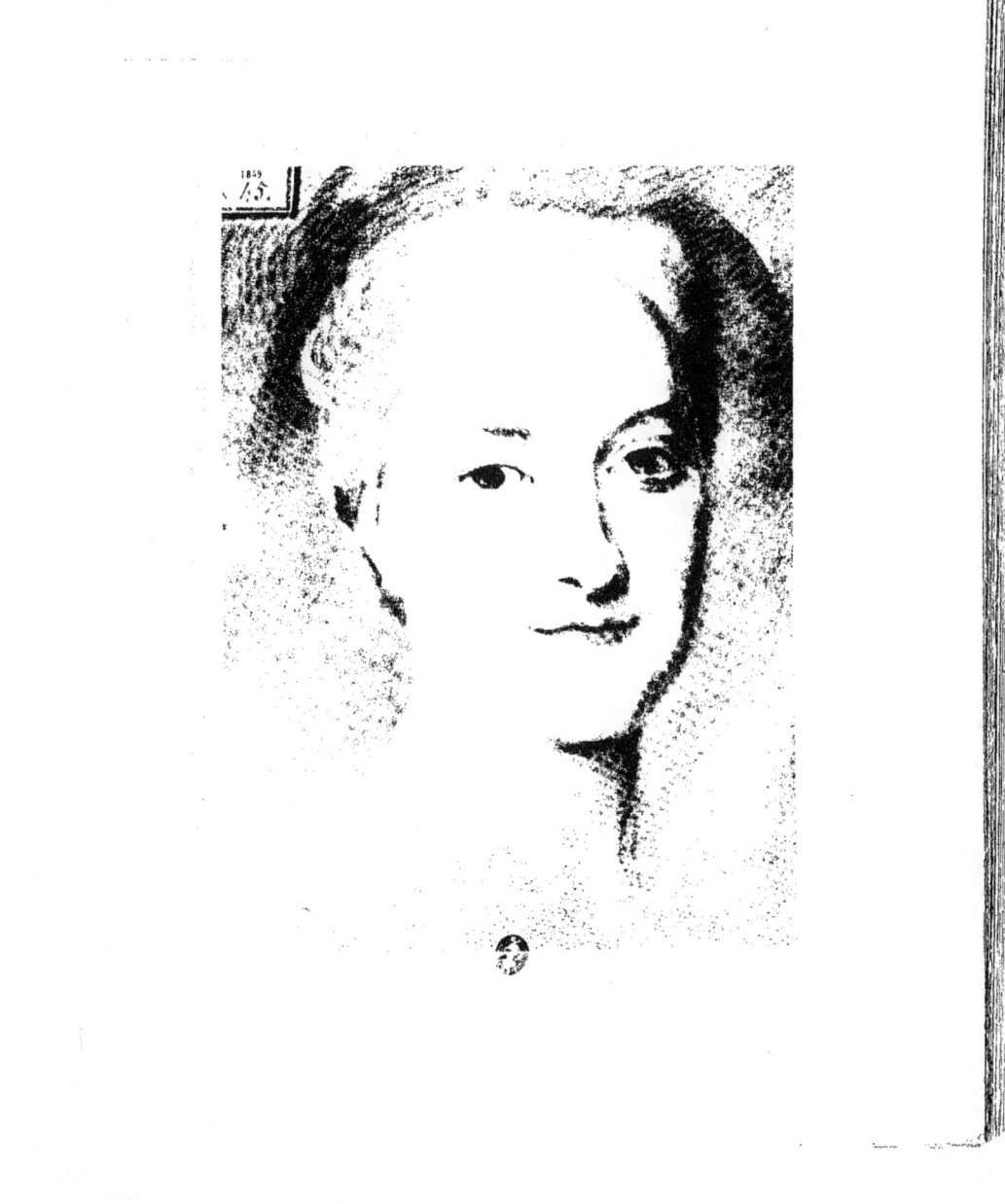

MUSÉE DE SAINT-QUENTIN   PASTELS DE LA TOUR
                                              N° 46

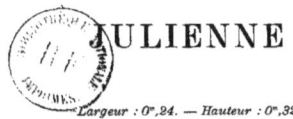

JULIENNE

Largeur : 0",24. — Hauteur : 0",32

Préparation.

M. de Julienne était un amateur éclairé de peinture, qui mit cinquante années à réunir une fort belle collection de tableaux et d'objets d'art. Il était l'ami de Watteau.

Le pastel de La Tour, très délicatement traité, nous montre une jolie tête d'homme, empreinte de douceur et de finesse. La grande perruque poudrée n'est qu'indiquée. On s'aperçoit à certains plis des paupières, au dessin du menton, que le modèle n'est plus très jeune. Mais l'œil est vif, le teint frais, l'expression charmante.

Julienne était propriétaire des Manufactures de draps des Gobelins (non pas de la Manufacture royale de ce nom fondée par Louis XIV en 1662) ainsi que le porte la notice de son portrait gravé par Baléchou en 1752. Il naquit en 1686 et mourut en 1766. Il dut à sa passion pour les arts et à la riche collection de tableaux, de dessins, de sculptures, etc., qu'il travailla pendant plus de cinquante ans à augmenter, l'honneur d'être un amateur honoraire de l'Académie de peinture. Il était grand ami de Watteau dont il possédait un très grand nombre de toiles. On dit que, frappé de paralysie, il se faisait porter au milieu de ses collections pour se repaître de leur vue, avant que la mort l'en pût arracher.

(*Correspondance inédite du comte de Caylus*, publiée par Ch. Nisard, T. II, p. 349, note.)

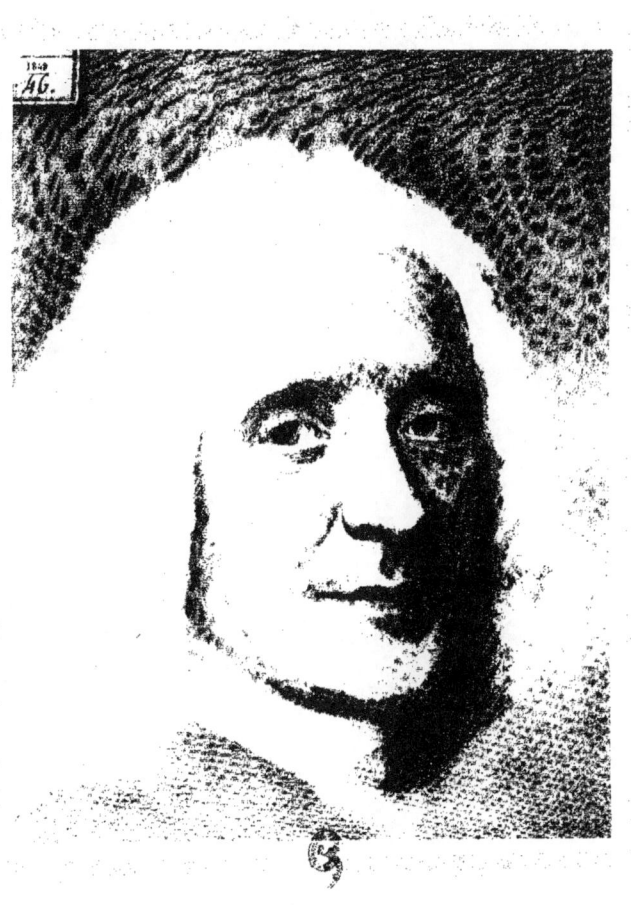

MUSÉE DE SAINT-QUENTIN   *PASTELS DE LA TOUR*
                                                    N° 47

TÊTE DE FEMME

Largeur : 0",24. — Hauteur : 0",32

Sans doute une étude d'après un tableau, car la coiffure compliquée et sans poudre n'est pas de l'époque.

Certains critiques ont prétendu que La Tour copiait parfois des morceaux de tableaux à l'huile, pour rivaliser de couleur au moyen de ses crayons.

C'est possible. Mais ils ont tort de citer comme exemple cette étude, faite précisément dans un ton très pâle, et où la vigueur de la peinture à l'huile ne saurait se déployer.

Figure très peu poussée d'ailleurs, mais très vivante, malgré la légèreté de touche et la douceur un peu terne de l'expression.

MUSÉE DE SAINT-QUENTIN   *PASTELS DE LA TOUR*
                                          N° 48

INCONNU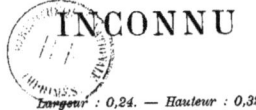

Largeur : 0,24. — Hauteur : 0,32

Préparation.
Le même qu'au numéro 86 (voir ce numéro), moins poussé, arrêté au cou.

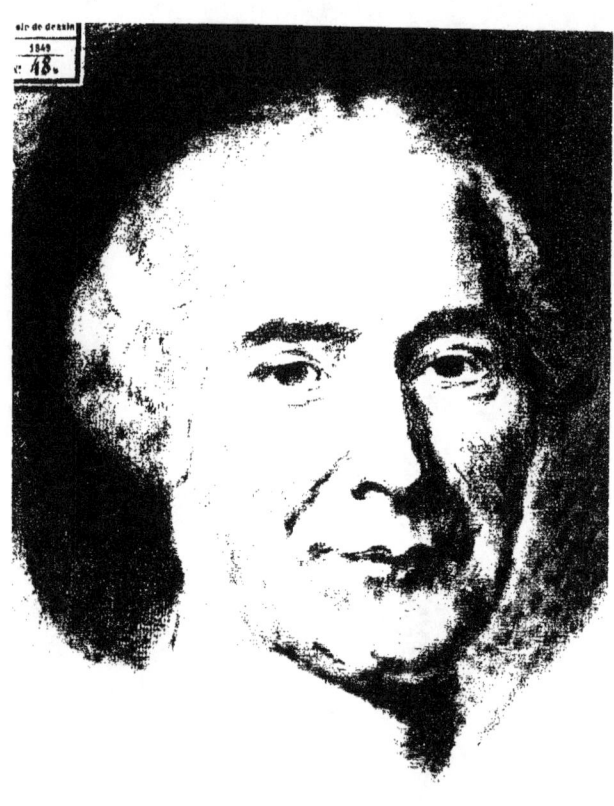

MUSÉE DE SAINT-QUENTIN　　　　　　　PASTELS DE LA TOUR
N° 49

MADAME MASSE

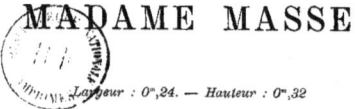

Largeur : 0",24. — Hauteur : 0",32

Préparation.

Petite tête amusante par l'expression, et aussi par le travail visible, inachevé, les hachures blanches faisant jouer la lumière dans la peau, les coups de crayon brun creusant les fossettes, et la vérité, la vivacité obtenue par cette brusquerie de moyens.

Jolis yeux tendres, bruns et veloutés ; sourire charmant, menton rond et gras, front bas, sur lequel se relèvent les cheveux irrégulièrement plantés.

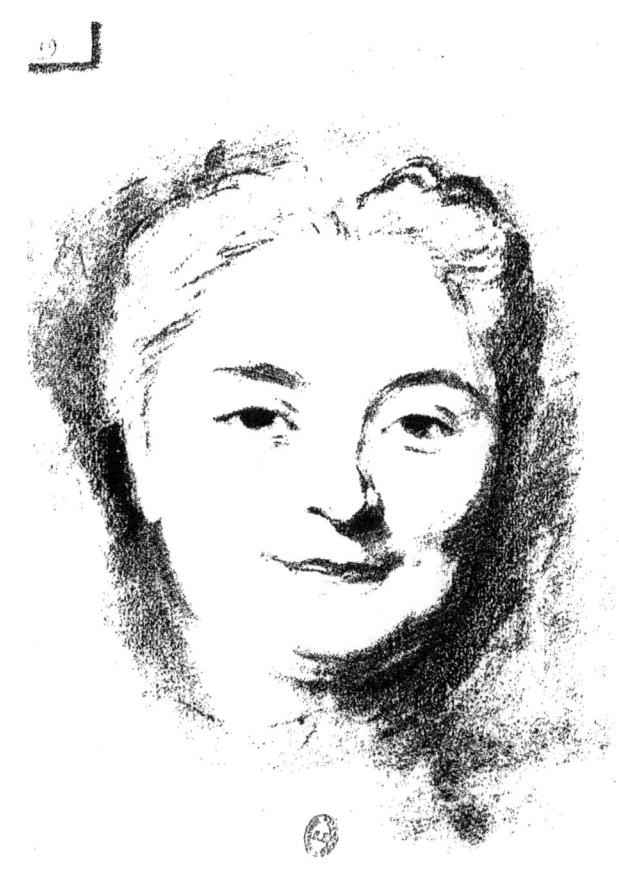

MUSÉE DE SAINT-QUENTIN PASTELS DE LA TOUR
N° 50

INCONNU

Largeur : 0m,24. — Hauteur : 0m,32

Préparation.
Le seul profil d'homme, comme la tête penchée (n° 32) est le seul profil de femme.
Le modelé n'est pas fondu ; toutes les lignes sont droites et anguleuses.
Les cheveux sont sans poudre.
C'est une physionomie déplaisante, les sourcils bas sur les yeux, le sourire amer, le teint brouillé, bilieux.

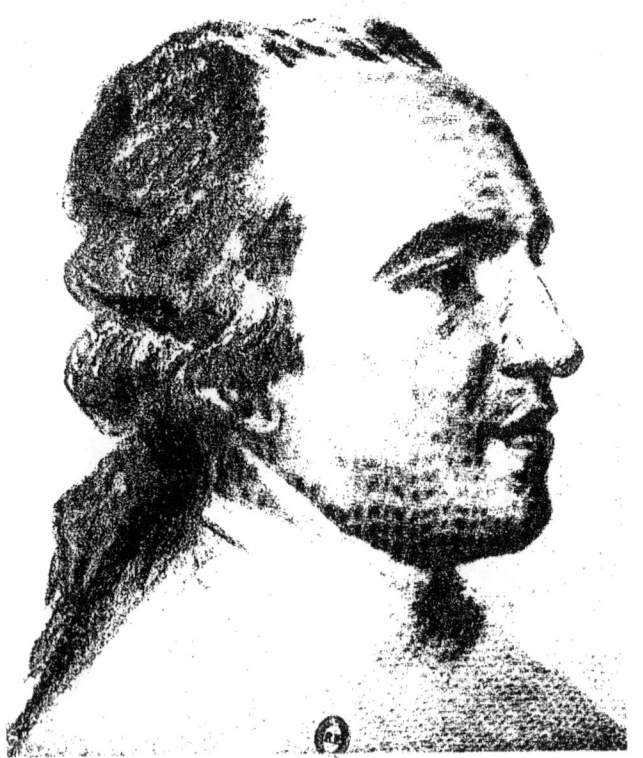

MUSÉE DE SAINT-QUENTIN   PASTELS DE LA TOUR
                                        N° 51

LE DUC DE BOURGOGNE

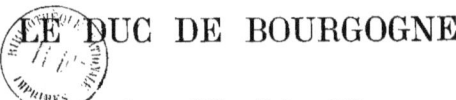

Largeur : 0",24. — Hauteur : 0",32

Préparation.

Le jeune duc de Bourgogne, fils aîné du Dauphin, mourut tout jeune, par accident. On croirait voir sur son charmant petit visage mélancolique un pressentiment de sa destinée.

Cette tête enfantine est touchante, avec ses beaux yeux bruns, son sourire de tristesse. L'ovale allongé se dessine sur une cravate ronde ; les cheveux foncés et sans poudre bouffent autour des joues.

Cette étude ne paraît pas avoir été faite pour le grand tableau (n° 85). Le duc de Bourgogne y paraît plus âgé que sur ce tableau, où il montre le flou des traits et l'expression poupine de la première enfance.

(Salon de 1761).

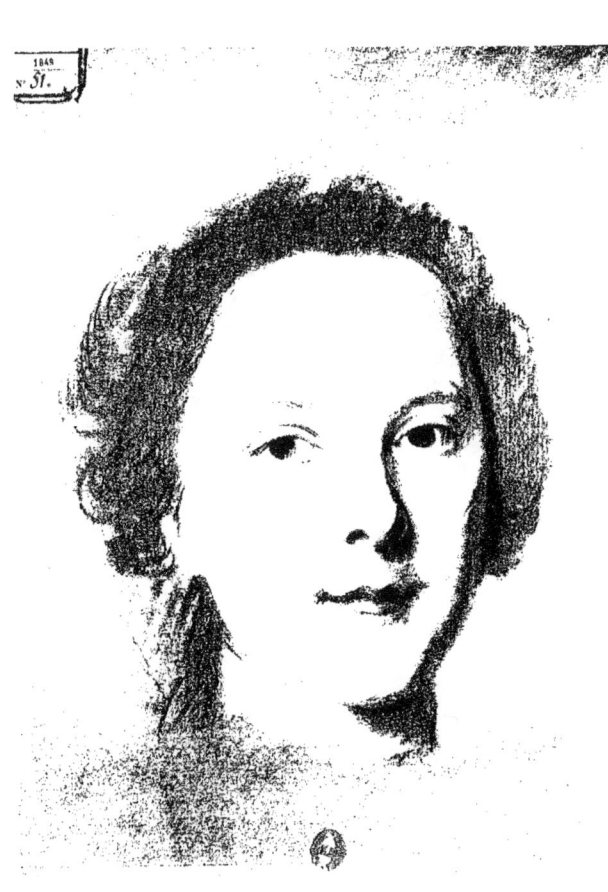

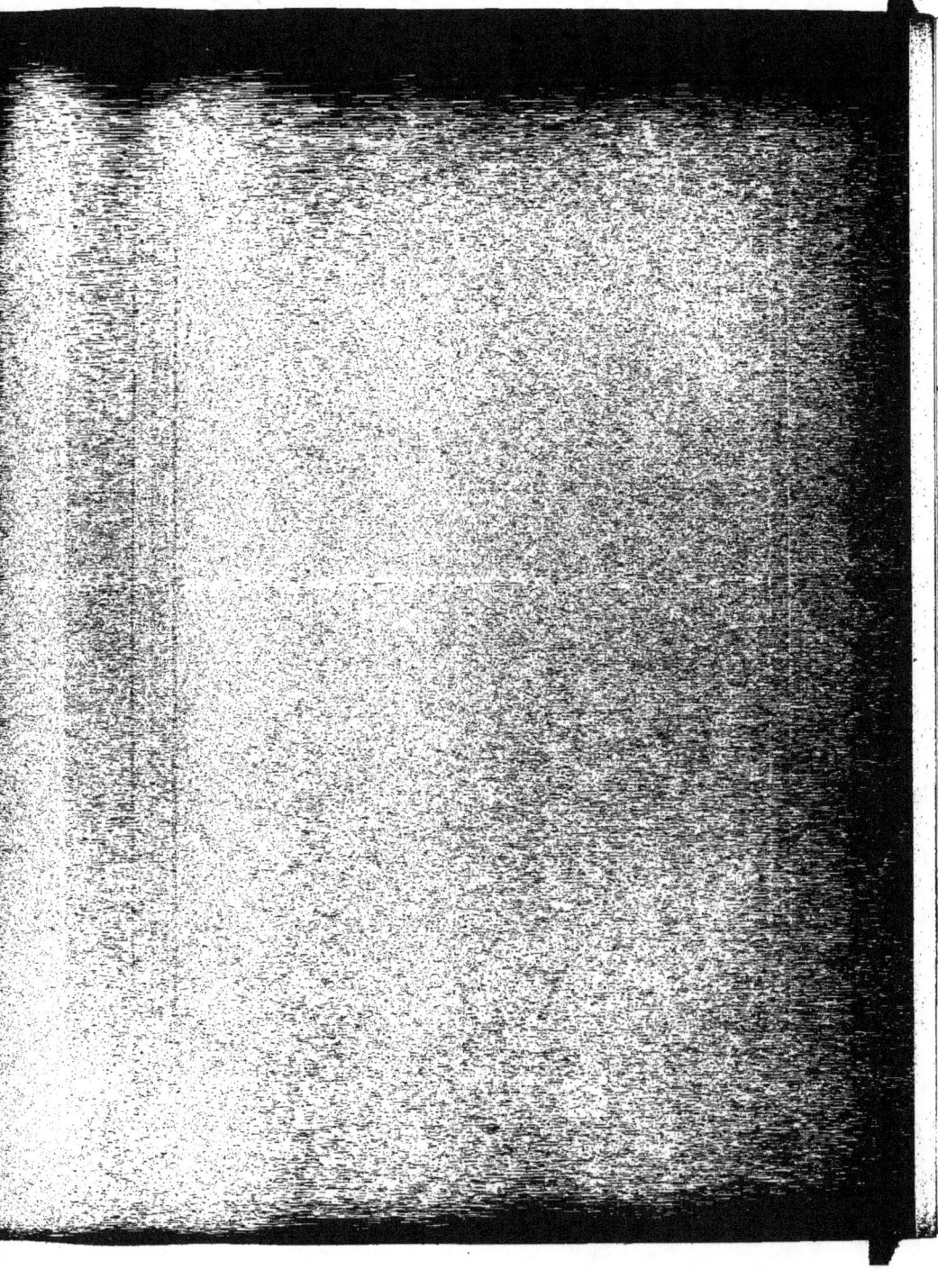

MUSÉE DE SAINT-QUENTIN   PASTELS DE LA TOUR
                                                  N° 52

PORTRAIT DIT DE MADAME DU BARRY

Largeur : 0",24. — Hauteur : 0",32

Préparation.

J'ignore ce qui fait croire que cette étude représente Madame du Barry.

Ce serait, de la part du peintre, une idée au moins bizarre de lui avoir donné exactement la pose de trois quarts, le mouvement de tête, et jusqu'à l'expression à peine avivée de Madame de Pompadour.

La similitude va jusqu'à la ressemblance, avec quelque chose de plus fin dans la bouche, de plus délicat dans le dessin du nez.

Où serait d'ailleurs le portrait de Madame du Barry, dont ce pastel indiquerait la préparation ?

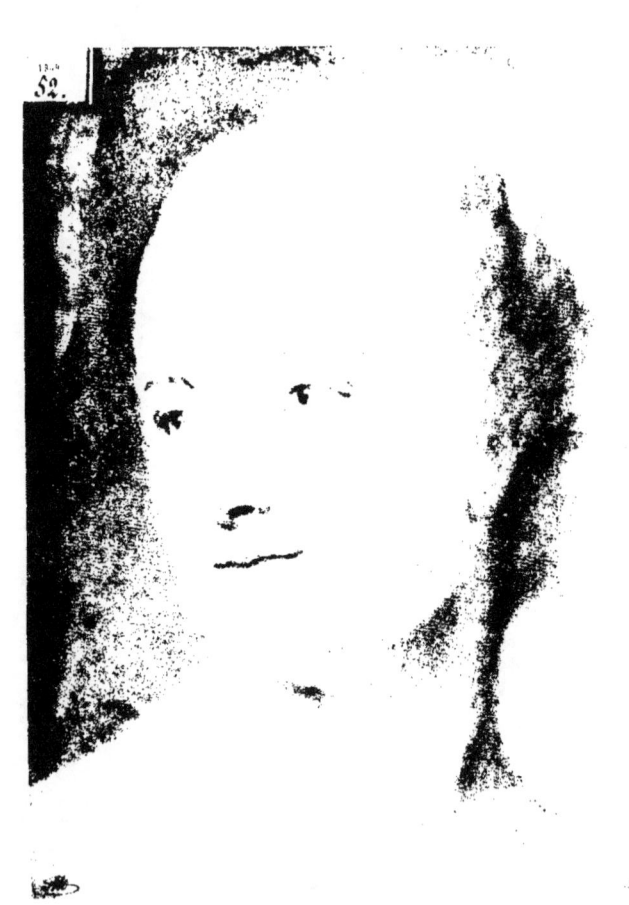

MUSÉE DE SAINT-QUENTIN   *PASTELS DE LA TOUR*
                                                  N° 53

INCONNU

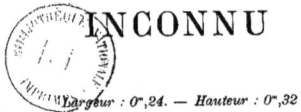

Largeur : 0m,24. — Hauteur : 0m,32

―――――――――

Préparation.
　　Tête de jeune homme insignifiante et lourde. Bouche trop petite entre les joues bouffies. Col blanc et cravate noire. Habit de velours rose.

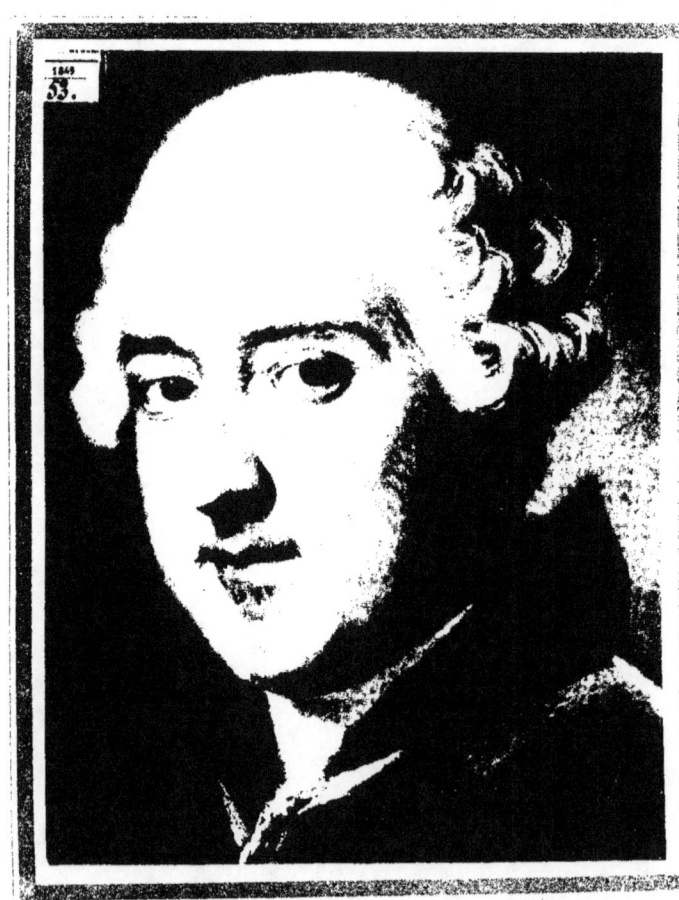

MUSÉE DE SAINT-QUENTIN   PASTELS DE LA TOUR
                                              N° 54

INCONNUE

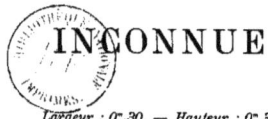

Largeur : 0",30. — Hauteur : 0",38

───────

Préparation.

Charmante femme, aux yeux de velours brun, à la bouche gracieuse. Les cheveux épais et bien plantés dégagent un joli front et sont surmontés par un nœud bleu. Le nez est un peu long, mais l'ovale des joues délicat, le cou bien fait, élancé.

Une robe grise, décolletée en carré, laisse apercevoir la naissance des seins. La peau est un peu brune, mais d'une chaude coloration.

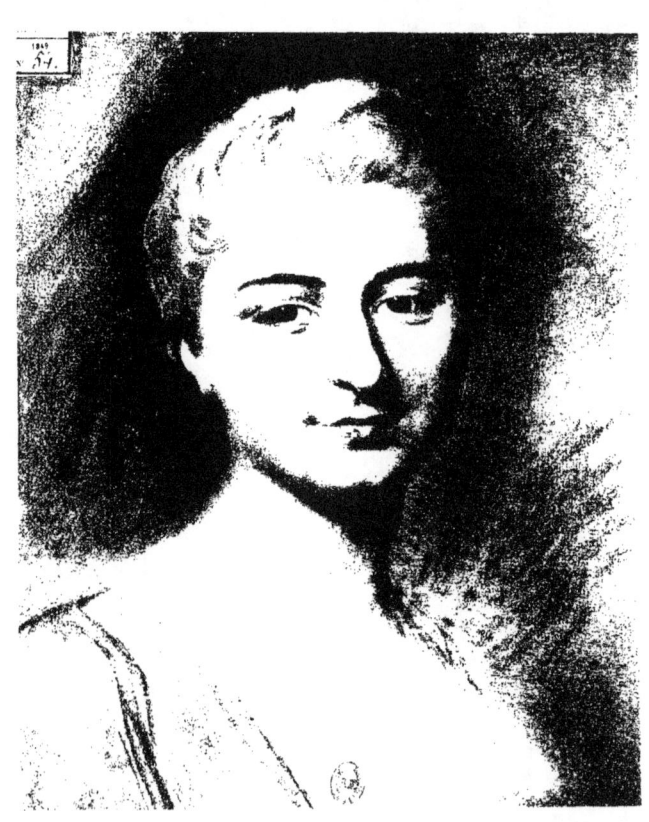

MUSÉE DE SAINT-QUENTIN   *PASTELS DE LA TOUR*
                                        N° 55

INCONNU

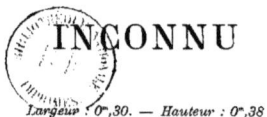

Largeur : 0",30. — Hauteur : 0",38

Préparation.

Figure énergique, au teint bistré, aux yeux et à la bouche volontaires, au long nez busqué, coiffée d'une perruque poudrée, à petits marteaux et à catogan.

L'habit, à peine indiqué, ne révèle rien de la situation sociale de cet homme. Pourtant on distingue plutôt des vêtements bourgeois qu'un uniforme militaire, malgré l'air martial de la physionomie.

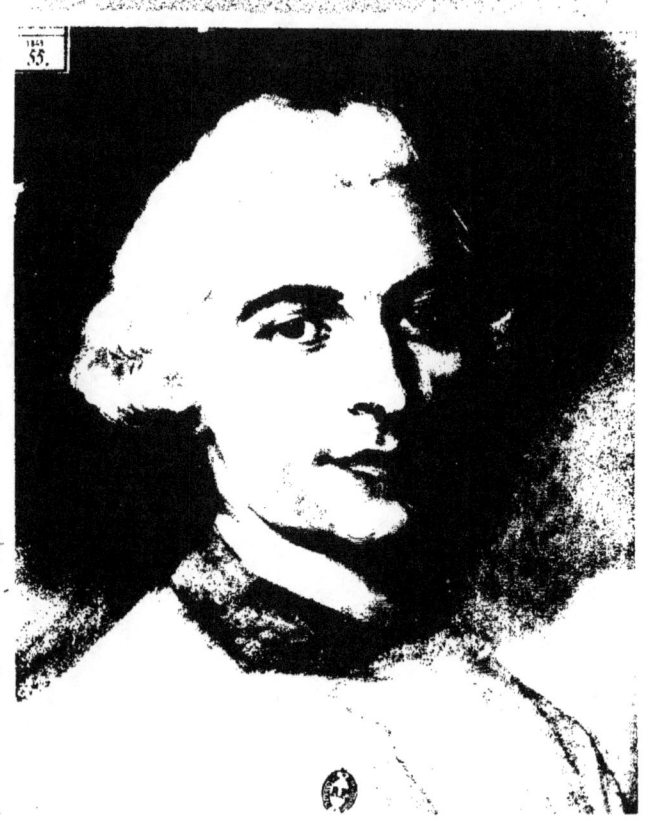

MUSÉE DE SAINT-QUENTIN   *PASTELS DE LA TOUR*
N° 56

INCONNUE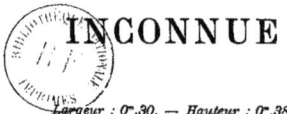

Largeur : 0™,30. — Hauteur : 0™,38

Préparation.
Petite tête de grâce exquise et de sémillante coquetterie.
Cheveux en ondes, à peine poudrés. Aucune parure, pas un ruban, le cou nu, finissant à la naissance des épaules.
Figure de toute jeune femme, mais experte en malices, en intrigues. Le sourire futé s'enfonce en fossettes dans les joues rebondies, presque d'enfance, d'une chair suave. Les yeux aux angles retroussés, le court nez impertinent ajoutent à l'espièglerie provocante de l'ensemble.
Fleur d'inconstance et de sensualité, petite Manon attirante et dangereuse, d'autant plus qu'elle est inconsciente.

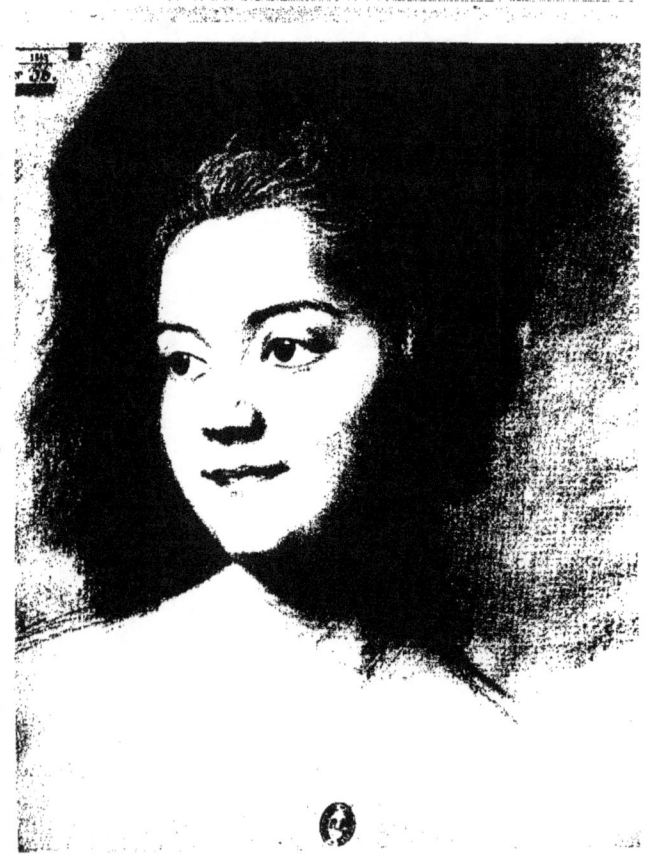

MUSÉE DE SAINT-QUENTIN   PASTELS DE LA TOUR
                                        N° 57

LE BARON DE BRETEUIL

Largeur : 0™,30. — Hauteur : 0™,38

Préparation.
    Bonne physionomie douce, au sourire un peu lippu, entre le modelé sec et ferme des joues. Perruque poudrée à catogan. Le col à peine esquissé.
    Sur le fond, à gauche, quelques notes griffonnées au crayon.

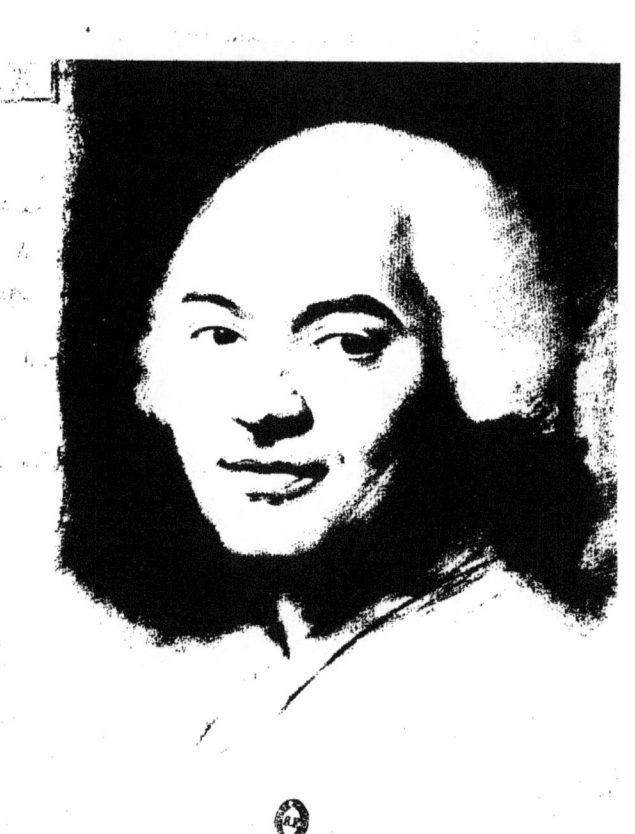

MUSÉE DE SAINT-QUENTIN PASTELS DE LA TOUR
N° 58

INCONNUE

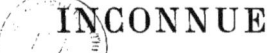

Largeur : 0ᵐ,24. — Hauteur : 0ᵐ,32

Préparation. Peut-être pour un portrait de la dauphine Marie-Josèphe de Saxe.

Agréable et fraîche tête de femme, moins séduisante que les autres.

Le sourire est un peu tendu, le nez trop long, irrégulier, enfoncé à la racine. Les yeux jolis, un peu tristes.

Les cheveux poudrés sont ornés d'un petit nœud bleu au milieu du front.

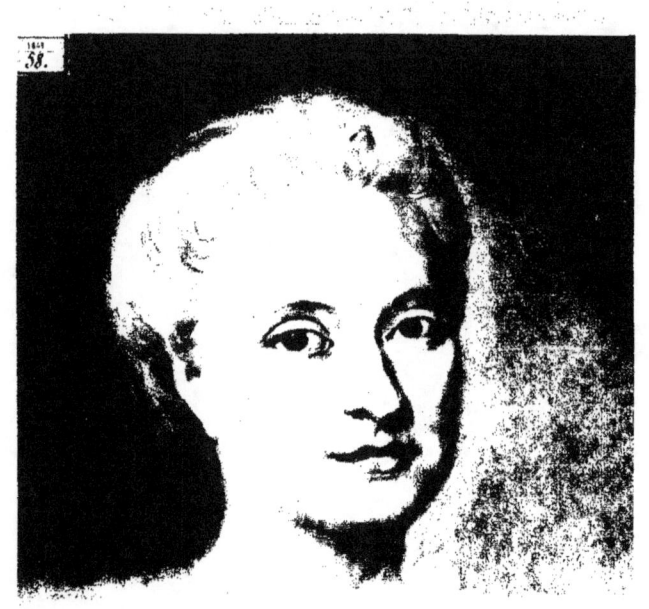

MUSÉE DE SAINT-QUENTIN *PASTELS DE LA TOUR*
N° 59

PARIS DE MONTMARTEL

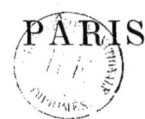

Largeur : 0^m,24. — Hauteur : 0^m,32

Préparation.
Attribution douteuse. Cette préparation ne correspond en rien au portrait de Jean Pâris de Montmartel, par La Tour, que reproduit, pour la tête, une gravure de Cathelin. Ce serait donc l'un des deux autres frères.
Figure d'un homme jeune, trente ans à peine, aux traits accentués, à l'expression intelligente. Larges yeux bruns, long nez busqué, bouche épaisse, bien modelée, jouisseuse et volontaire.
La perruque et la cravate noire ne sont qu'indiquées.

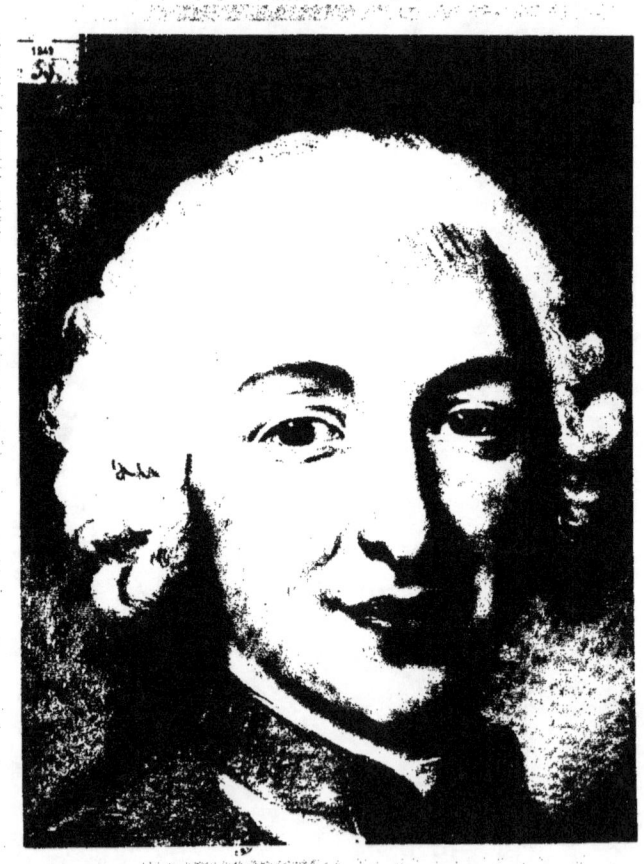

MUSÉE DE SAINT-QUENTIN   PASTELS DE LA TOUR
                                                    Nº 60

MADEMOISELLE CAMARGO

Largeur : 0ᵐ,24. — Hauteur : 0ᵐ,32

Préparation pour le portrait de Marie-Anne de Cuppis, dite *la Camargo*, fille du sieur Ferdinand de Cuppis, *alias* Camargo, écuyer, seigneur de Renoussar et d'Opperzielen.

La célèbre danseuse qui, à seize ans (1726), débuta à l'Opéra, en une apparition de grâce dont Paris s'enthousiasma, fut enlevée à dix-huit ans par le comte de Clermont-Tonnerre. Ce grand seigneur la séquestra tant qu'elle lui plut, et lui rendit la liberté après dix-huit mois, quand son caprice fut satisfait. Il avait été généreux. Elle déclara ne rien regretter.

L'esquisse de La Tour nous la montre d'une beauté régulière, mais un peu sèche, les yeux vifs sans profondeur sous les sourcils accentués, la bouche pincée, les joues étroites. Le front, très grand, a des reliefs de réflexion et d'énergie. Le frottis bleu du fond, en mangeant une partie de la chevelure, dénude et durcit encore légèrement cette nerveuse petite figure.

L'impression est attachante cependant, par quelque chose de contenu dans la grâce et de fier dans la coquetterie. Et la magnifique carnation révèle la jeune richesse du sang, fait comprendre cette souple vigueur qui rendait la jolie danseuse infatigable.

> Ah! Camargo, que vous êtes brillante !
> Mais que Sallé, grands dieux, est ravissante !
> Que vos pas sont légers et que les siens sont doux !
> Elle est inimitable, et vous êtes nouvelle;
> Les Nymphes sautent comme vous
> Et les Grâces dansent comme elle.
>
> (VOLTAIRE.)

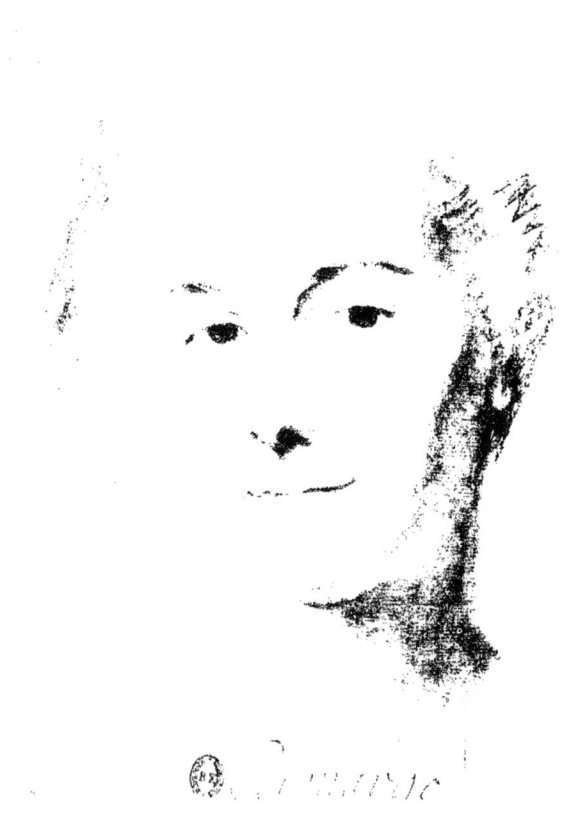

MUSÉE DE SAINT-QUENTIN   *PASTELS DE LA TOUR*
                                      N° 61

INCONNUE

Largeur : 0ʳ,24. — Hauteur : 0ʳ,32

Préparation.
Belle personne, déjà mûre, fraîche, grasse et bienveillante.
De doux yeux sans malice; le nez un peu pointu, sur la sinuosité fine et souriante de la bouche. Les cheveux, le cou, brouillés par des traits de crayon noir.

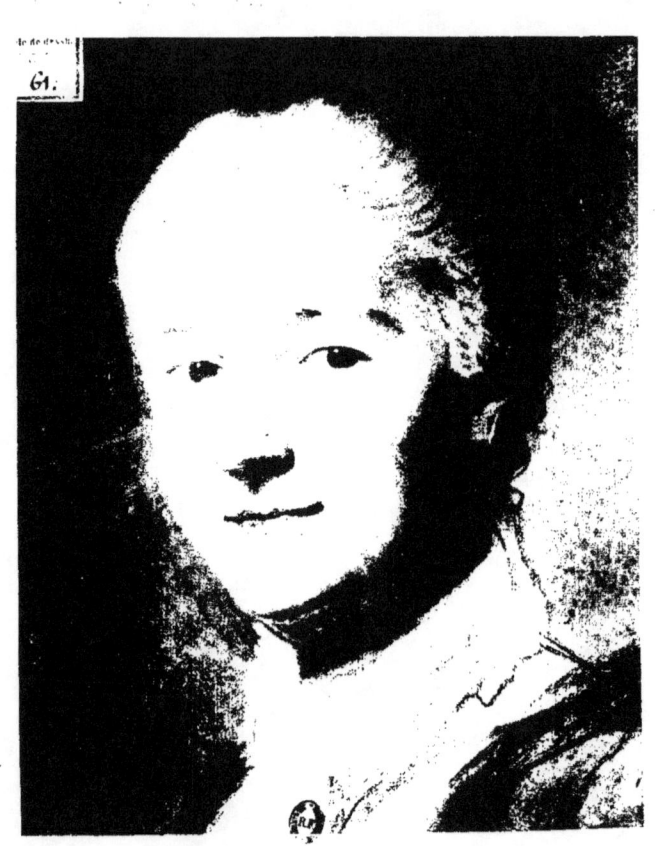

MUSÉE DE SAINT-QUENTIN PASTELS DE LA TOUR
N° 62

INCONNUE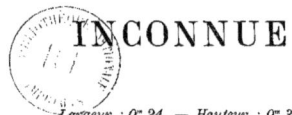

Largeur : 0^m,24. — Hauteur : 0^m,32

Préparation.

Exquise petite tête, d'une jeunesse tendre et naïve, avec des irrégularités qui sont un charme de plus, comme ce gentil nez retroussé qui ajoute sa pointe d'espièglerie à l'expression rêveusement câline.

Les cheveux, gracieusement plantés, se relèvent en ondes légères. Les yeux bleu foncé se voilent d'une ombre sous les longs cils ; la bouche sourit adorablement. L'ovale un peu carré du visage se termine par un petit menton rond, bien détaché. Le cou élancé se dégage de brusques hachures par un mouvement onduleux de cygne.

Idéale figure d'amoureuse, qui garde dans ses prunelles et sur ses lèvres l'enchantement des baisers morts.

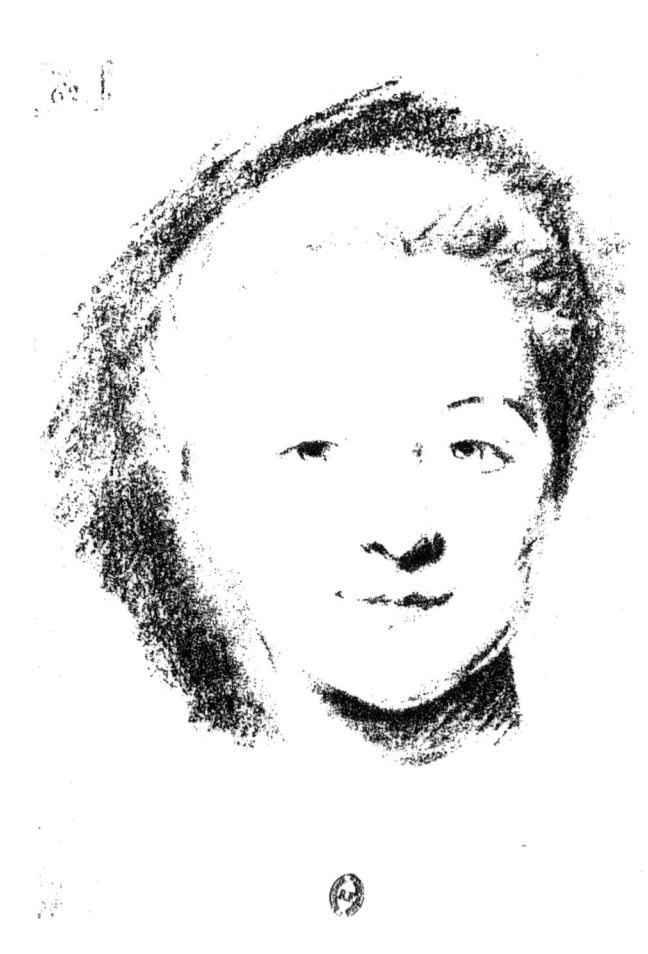

MUSÉE DE SAINT-QUENTIN   *PASTELS DE LA TOUR*
                                          N° 63

MADAME DE LA BOISSIÈRE

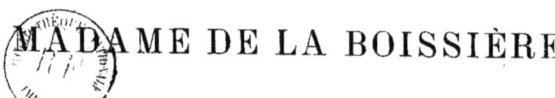

Largeur : 0,24. — *Hauteur : 0*,32

Préparation.

Tête de femme âgée, point belle, mais expressive. Le visage seul est d'un travail très poussé. Les cheveux blancs, indiqués en quelques coups de crayon, forment comme les ailes d'une coiffe. Les yeux sont petits sous des sourcils irréguliers, le nez trop court pour le long visage qu'alourdit un double menton. La bouche est tendue et plate.

Mais il y a beaucoup de vie dans cette figure peu séduisante.

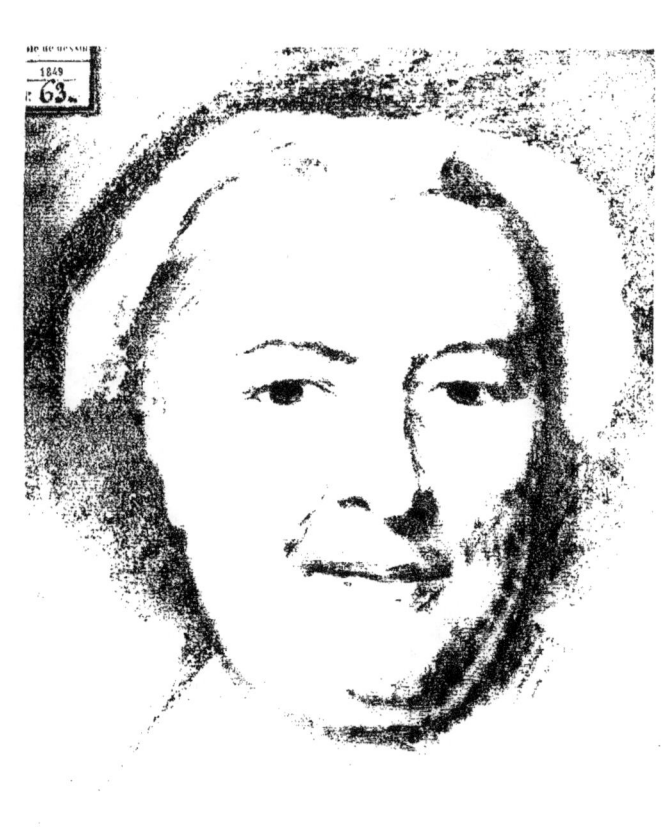

MUSÉE DE SAINT-QUENTIN   PASTELS DE LA TOUR
N° 64

MADEMOISELLE DANGEVILLE

Largeur : 0",24. — Hauteur : 0",32

Préparation.

Mademoiselle Dangeville était une comédienne de beaucoup de charme et d'esprit. Bachaumont, dans ses *Mémoires*, lui adresse ce compliment :

« Il n'y a que vous qui ne vieillissez point, inimitable Dangeville. Toujours fraîche, toujours nouvelle, à chaque fois on croit vous voir pour la première. »

Cette physionomie, point jolie, mais piquante et pétillante, devait en effet se renouveler et se conserver mieux que certaines beautés plus matérielles et plus plastiques.

Elle a, sur cette étude, un éclat de vie, de malice, de gaieté extraordinaire. C'est un visage chiffonné, aux yeux noirs et perçants, à la bouche spirituelle. Les cheveux poudrés se divisent en une multitude de petites bouclettes.

Le regard en coulisse attire et retient, vous poursuit de son agacerie friponne.

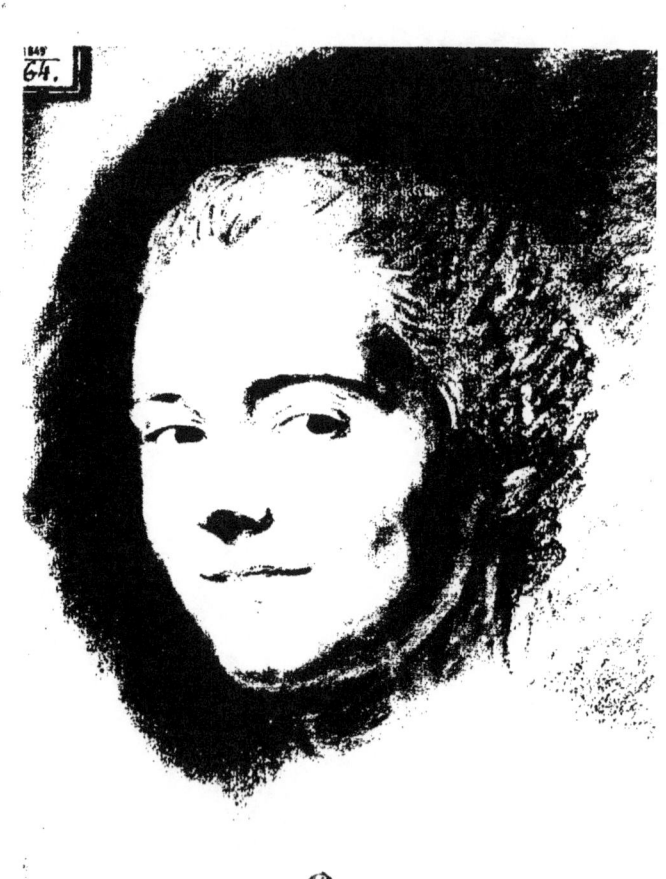

MUSÉE DE SAINT-QUENTIN   *PASTELS DE LA TOUR*
                                N° 65

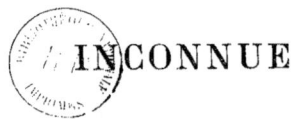INCONNUE

Largeur : 0",24. — Hauteur : 0",32

Préparation très peu poussée.
Figure intéressante et fine. Jolis yeux câlins, bouche un peu plate, mais doucement souriante.

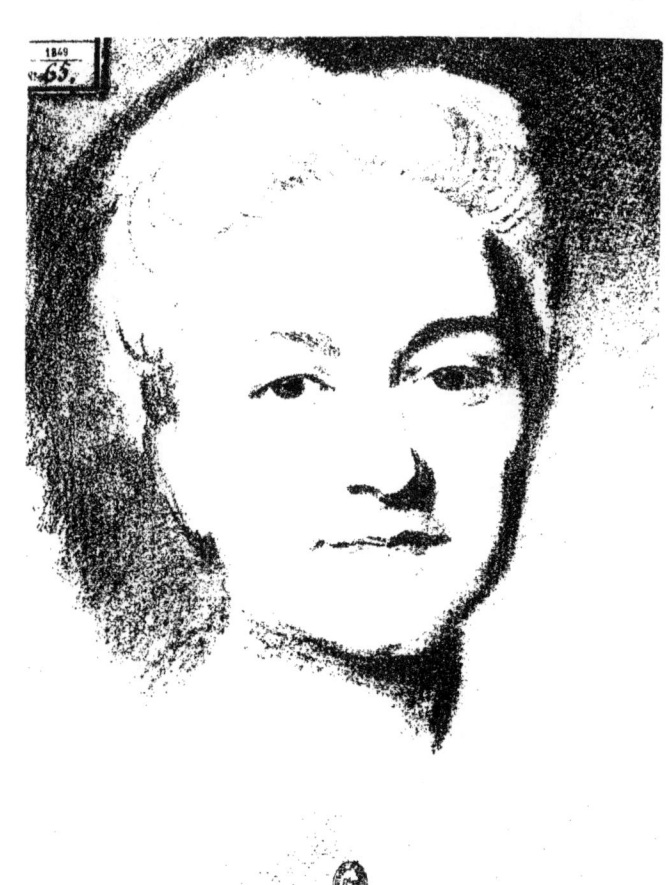

MUSÉE DE SAINT-QUENTIN   *PASTELS DE LA TOUR*
N° 66

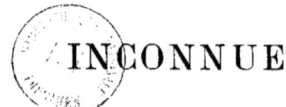
INCONNUE

Largeur : 0",24. — Hauteur : 0",32

Préparation.
Jolie tête, qui se détache sur un fond frotté de bleu intense. La poudre des cheveux a elle-même un reflet d'azur.
Les yeux, petits et très foncés, s'allongent, plissés de sourire. La lèvre inférieure avançante met comme une légère moue de dédain dans cette gaieté aimable.
Grand charme d'expression et de couleur.

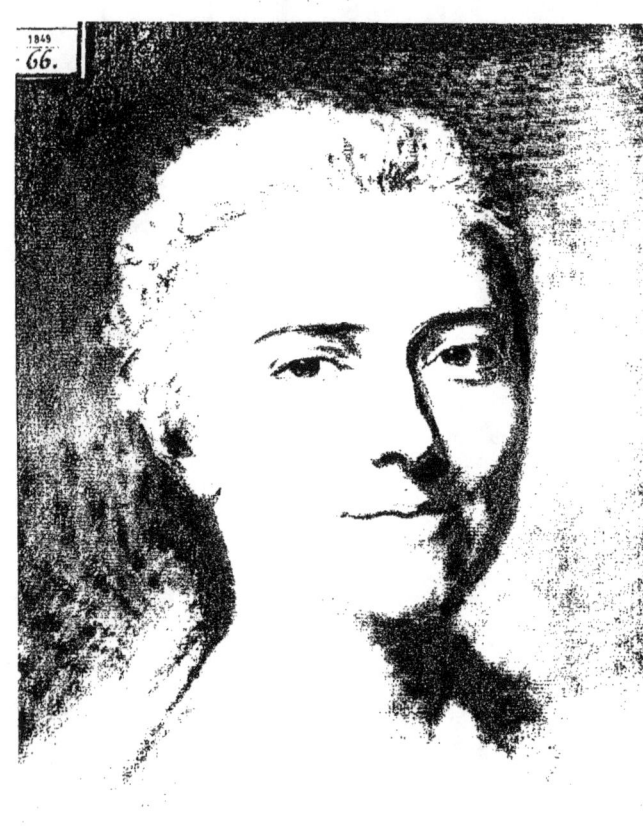

MUSÉE DE SAINT-QUENTIN   PASTELS DE LA TOUR
                                         N° 67

INCONNUE

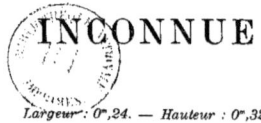

Largeur : 0m,24. — Hauteur : 0m,32

Préparation.

Le masque seulement, arrêté par de brusques hachures. Les cheveux à peine indiqués.
Bonne grâce placide, larges yeux calmes, sourire immobile des lèvres fermes, sinueuses et bien roulées.

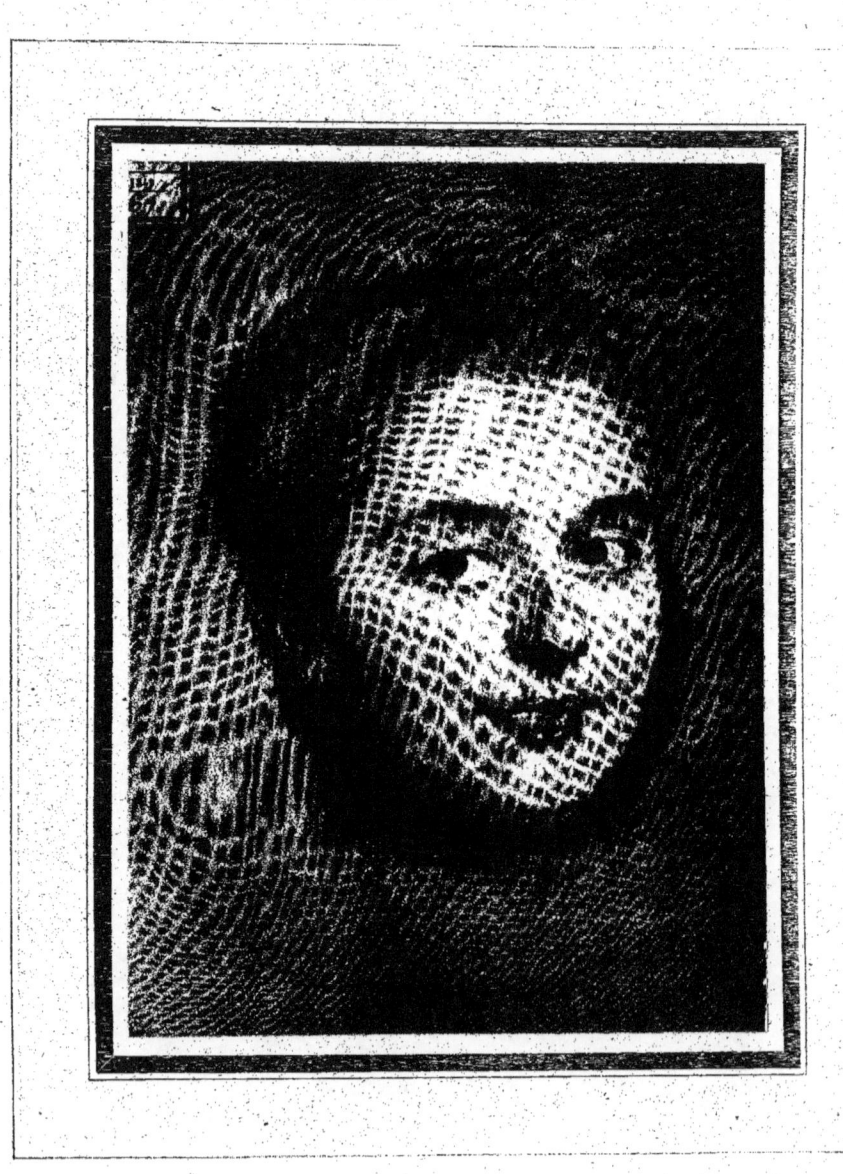

MUSÉE DE SAINT-QUENTIN   PASTELS DE LA TOUR
                                       N° 68

MAURICE-QUENTIN DE LA TOUR

Largeur : 0^m,30. — Hauteur : 0^m,38

Ce n'est qu'une préparation, d'ailleurs en partie gâchée, tachée, suivant sa détestable manière, par de maladroits fixatifs.

Mais quelle image humaine montre une plus surprenante intensité de vie ?

La lumière des prunelles, la mobile maigreur des joues que fait onduler le frémissement du sourire narquois, le grain et les plis de la chair, les luisances roses du nez, la palpitation du sang sous la peau, tout vibre, éclate et respire.

Aucune mise en scène, aucun arrangement de traits ou d'expression dans ce portrait, que l'on sent absolument sincère. La tête rase, — chauve peut-être déjà, — est coiffée d'un bonnet noir d'atelier. Le cou nerveux se dégage d'une indication de col ouvert.

Visage aiguisé de réflexion, d'observation, d'ironie. Comme on comprend que le regard agile de ces yeux aigus ait pénétré, saisi dans leurs plus secrètes nuances tant de physionomies diverses ! Liseur d'âmes, il semble déchiffrer la vôtre, tandis que vous le recherchez lui-même sous la poussière animée de ce pastel.

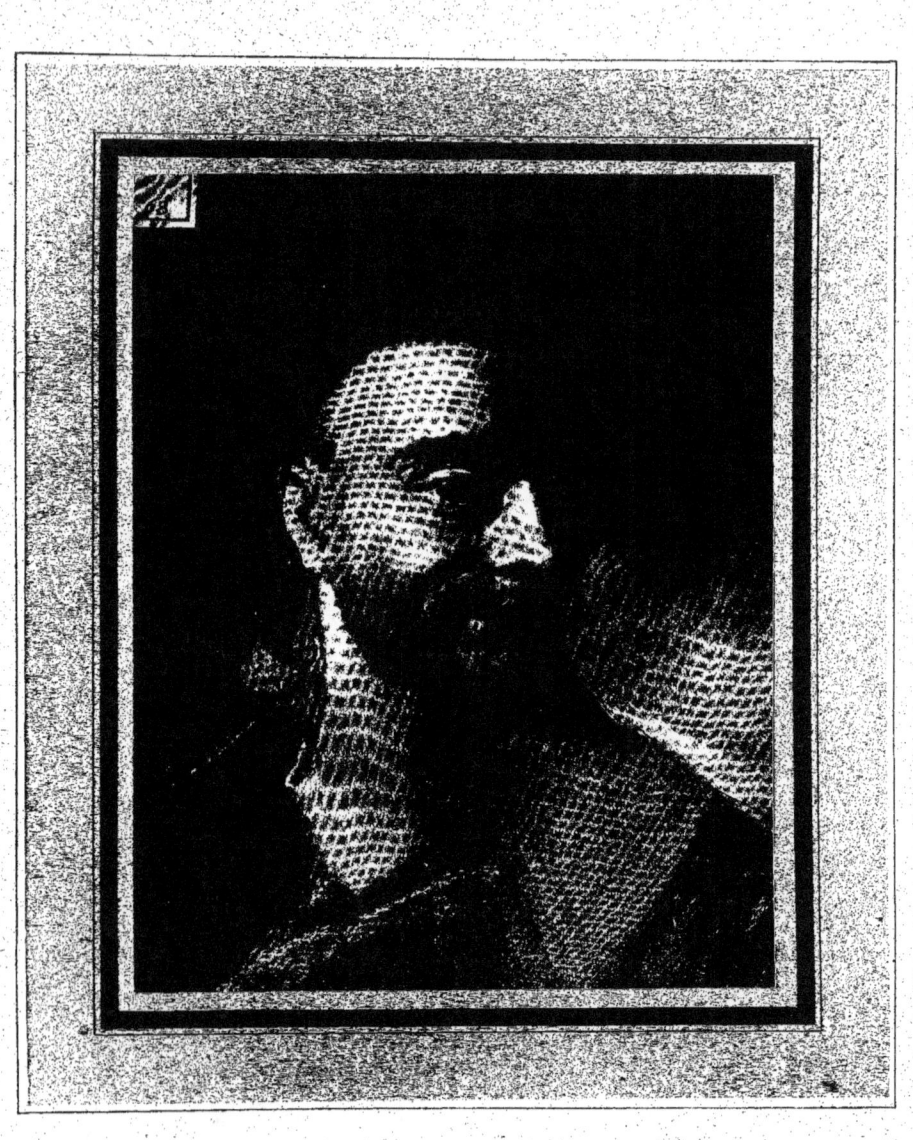

MUSÉE DE SAINT-QUENTIN   PASTELS DE LA TOUR
                                                           N° 69

MADEMOISELLE FEL

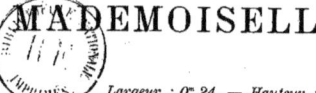

Largeur : 0^m,24. — Hauteur : 0^m,32

Voici celle qui fut la maîtresse, puis l'amie de La Tour pendant plus de trente ans.

Chose curieuse : le peintre du galant XVIIIe siècle, l'artiste qui fut le plus sensible interprète de la beauté féminine de son temps, qui se plut à saisir la grâce espièglement libertine, maniérée et poudrée des coquettes du Théâtre, de la Ville et de la Cour, ne conçut de passion durable, profonde, que pour une femme d'un type absolument différent.

Le portrait de Mademoiselle Fel surprend, parmi tant de jolis visages, par son caractère d'exception. On dirait une princesse d'Orient, une sultane langoureuse, égarée parmi ces pimpantes caillettes. La Tour accentua l'effet en coiffant cette fine tête de houri d'un mouchoir de gaze bleuâtre, qui semble une petite calotte turque, plantée de côté sur les cheveux sans poudre, et retenue par un ruban d'or où s'accroche une fleur écarlate.

Mademoiselle Fel, née à Bordeaux, le 26 octobre 1713, devait avoir dans le sang quelques chaudes gouttes sarrasines : les longs yeux de velours, sa pâleur de perle, son mince visage arabe, au nez délicat, aux joues étroites, suggèrent cette hypothèse sur ses origines. Son père était organiste.

Vers la vingtième année, cette charmante fille entrait à l'Opéra, où les qualités de sa voix comme les séductions de sa personne lui assurèrent le succès.

Elle eut de nombreux adorateurs, mais elle en désespéra beaucoup, si l'on en juge d'après la démence de Cahusac, la langueur et les larmes de Grimm, que Jean-Jacques nous peint dans les *Confessions*.

Elle joua la Colette du *Devin de village* en 1752-1753. C'est vers cette époque que La Tour la connut et l'aima. Elle touchait à la quarantaine. Elle partagea la passion du peintre, vint vivre avec lui et ne le quitta plus, jusqu'à ses dernières années de septuagénaire, où Saint-Quentin le lui reprit.

Mais si les convenances l'empêchèrent de suivre son ami dans la ville natale où, tombé en enfance, il ne se réfugia que pour mourir, elle demeura aux yeux de tous compagne respectée de l'artiste. Le frère de La Tour lui laissa les meubles et les pastels de celui-ci, et resta en correspondance avec elle. Sa longue et douce tendresse avait su créer pour l'irritable et nerveux génie l'atmosphère bienfaisante si nécessaire à l'éclosion des œuvres d'art et à l'apaisement d'un esprit surmené.

Ce n'est pas la compagne dévouée, patiente, des lentes années de déclin, c'est l'amoureuse triomphante que nous montre le jeune portrait de Saint-Quentin.

Elle est encore déesse, et déesse d'Opéra, comme l'indiquent un peu de prétention dans la pose de la tête et quelque chose d'apprêté dans le regard et le sourire.

Mais la rêverie tendre et la soumission passionnée du cœur se devinent malgré le maintien de convention. Une suavité gentiment soucieuse alanguit cette brillante créature. Déjà elle aime son amant pour lui-même, et non plus pour l'orgueil et la joie d'être aimée.

(Salon de 1757).

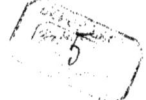

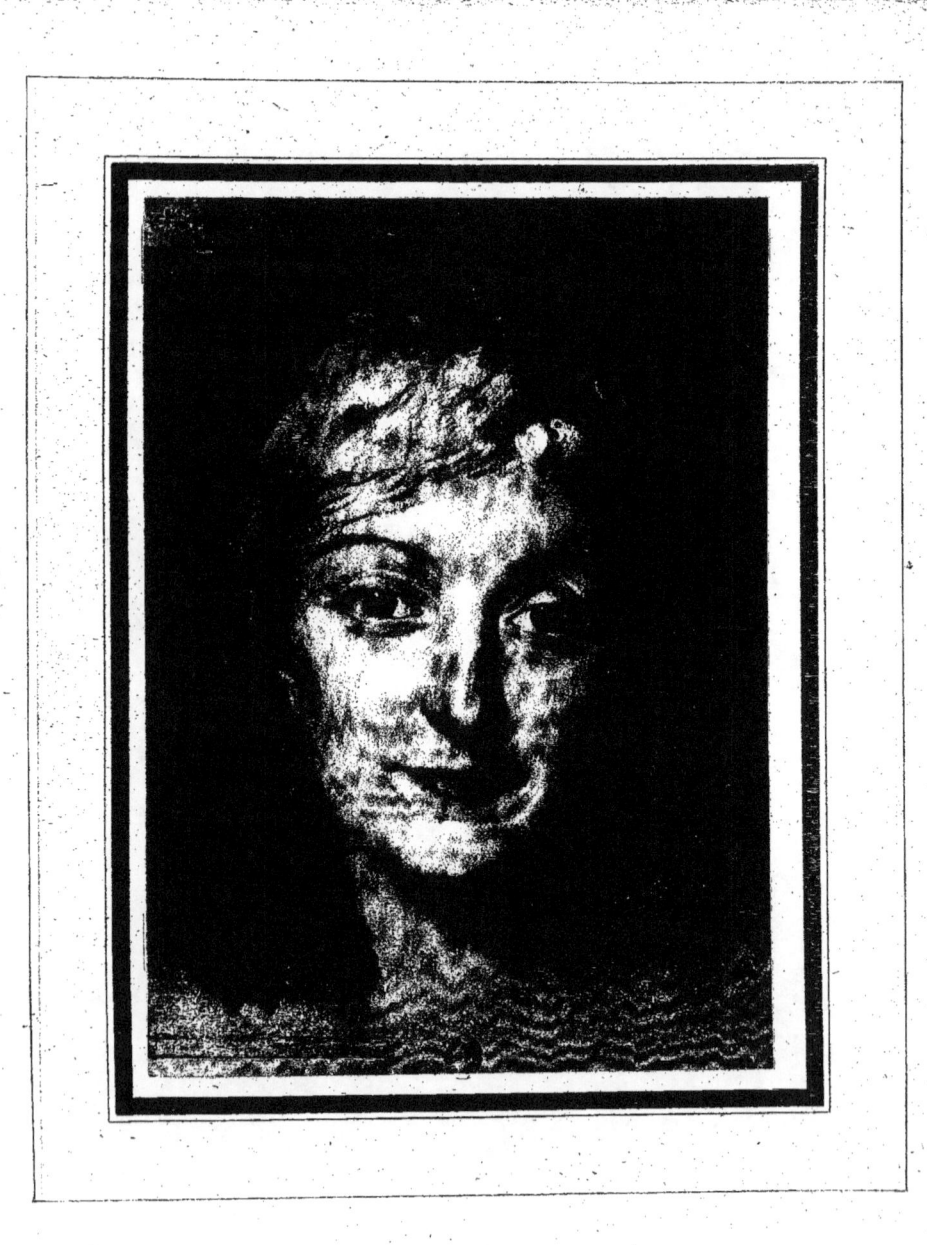

MUSÉE DE SAINT-QUENTIN   PASTELS DE LA TOUR
                                      N° 70

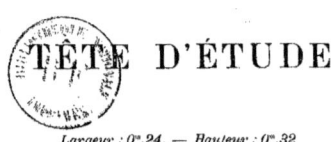
TÊTE D'ÉTUDE

Largeur : 0,24. — Hauteur : 0*,32*

Figure d'homme. Peut-être copie d'après Carle Van Loo.

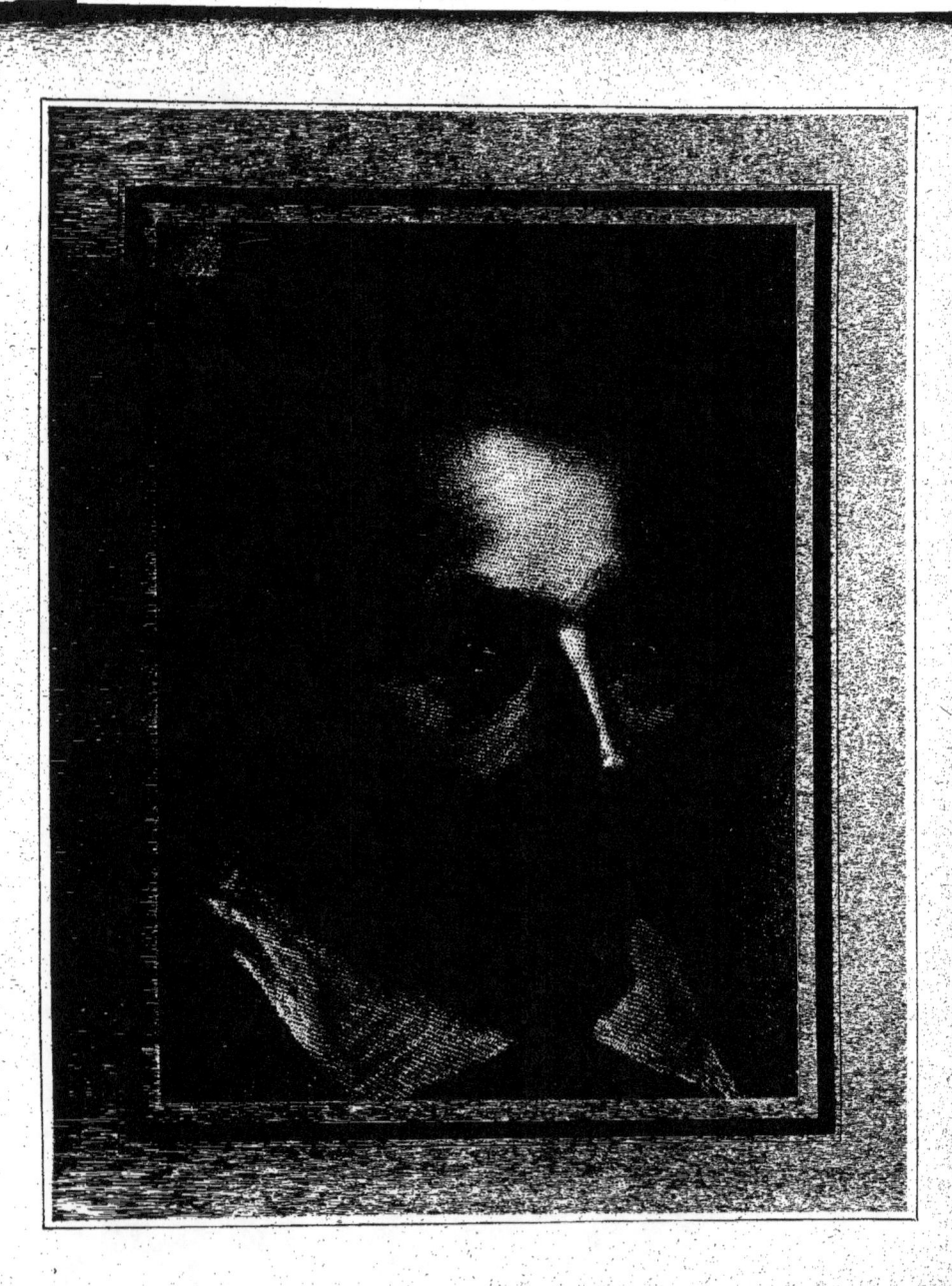

MUSÉE DE SAINT-QUENTIN   *PASTELS DE LA TOUR*
                                                  N° 71

TÊTE D'ÉTUDE

Largeur : 0^m,24. — Hauteur : 0^m,32.

Figure poupine de page, d'un coloris trop vif, avec une grande collerette blanche et une perle à l'oreille. Copie de quelque peinture à l'huile.

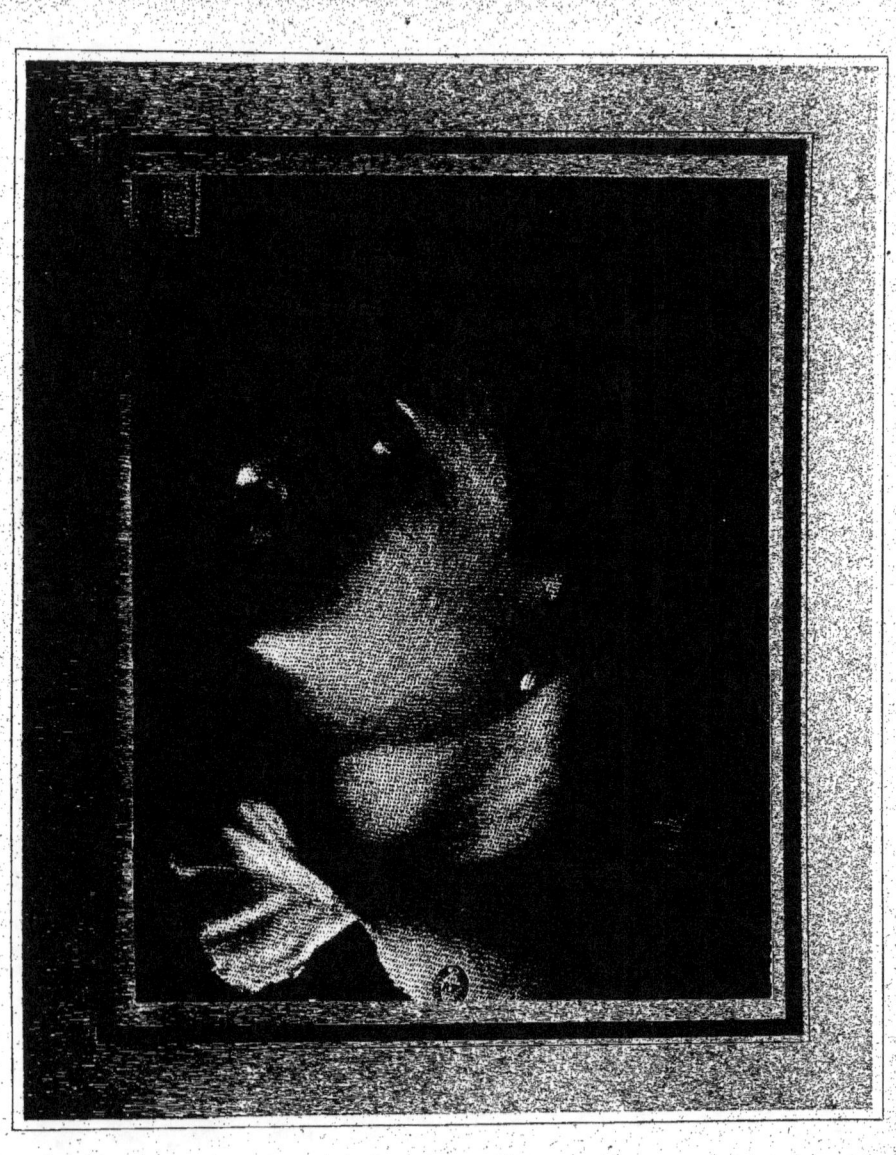

MUSÉE DE SAINT-QUENTIN   *PASTELS DE LA TOUR*
                                        Nº 72

INCONNUE

Largeur : 0m,24. — Hauteur : 0m,32

Préparation.
Charmante esquisse d'un petit être aux yeux bruns veloutés, à la bouche souriante. Nuage de poudre sur les cheveux.

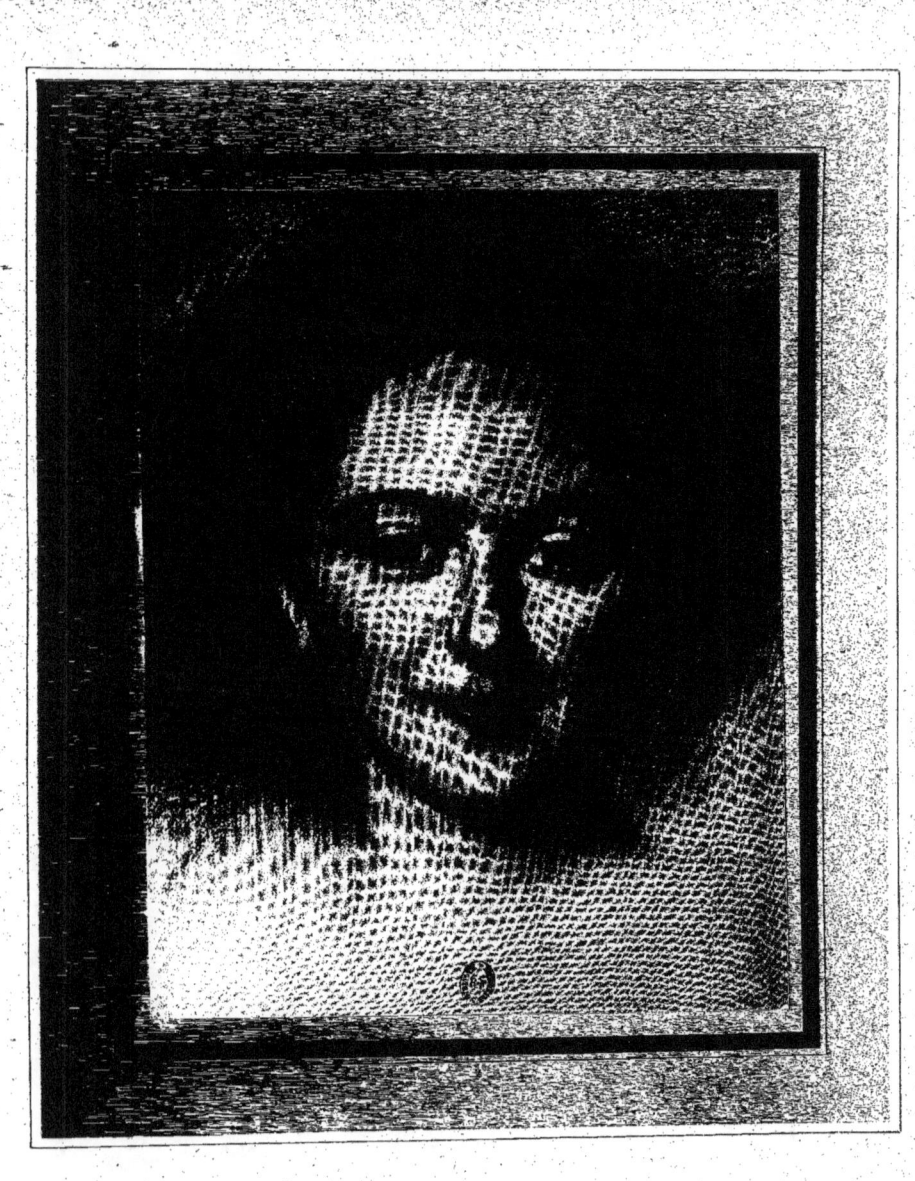

MUSÉE DE SAINT-QUENTIN   *PASTELS DE LA TOUR*
                                                N° 73

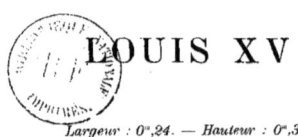LOUIS XV

Largeur : 0",24. — Hauteur : 0",32

Préparation, et peut-être copie.
Face insignifiante, sans expression et sans vie, d'une facture à douter que ce soit de la main de La Tour.

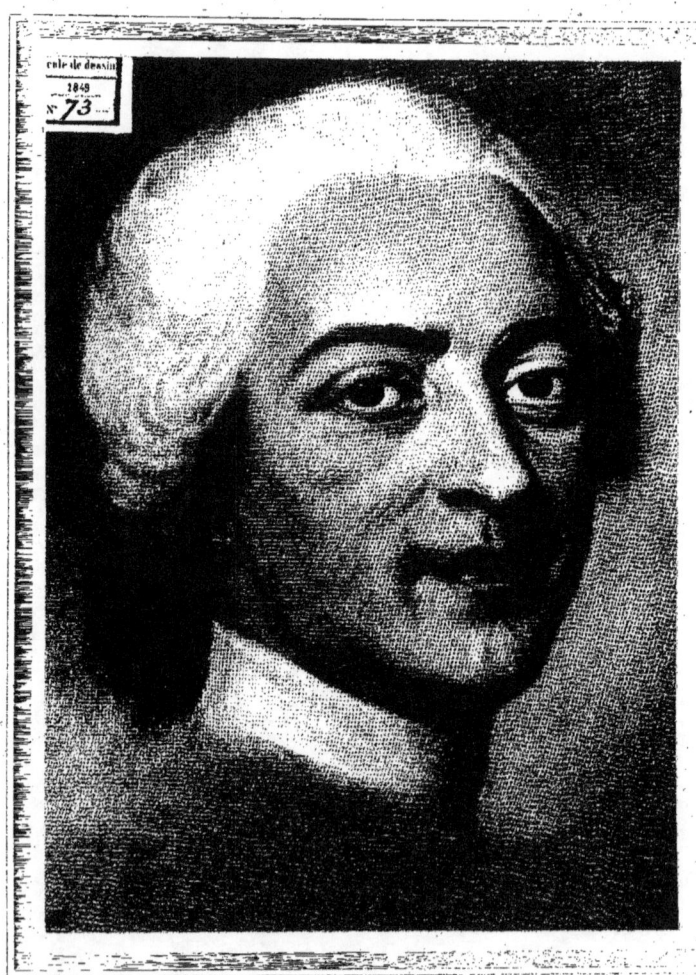

MUSÉE DE SAINT-QUENTIN   PASTELS DE LA TOUR
                                         N° 74

MADAME DE POMPADOUR

Largeur : 0^m,24. — Hauteur : 0^m,32

Préparation.
C'est ici qu'on voit la distance entre l'étude sincère, prise sur le vif, et les flatteries du portrait officiel.
Cette figure lourde, commune, au teint malsain, à la lèvre pâle surmontée d'un fort duvet, aux larges yeux clairs et vides, c'est bien Mademoiselle Poisson ; c'est la maîtresse qui, son éclat de jeunesse passé, rendue à la vulgarité molle de sa nature, tremblait sans cesse, dans les malaises de sa chair et l'apathie de ses sens, de perdre son royal amant.
Elle le garda par l'intrigue et les plus basses complaisances, lui procurant d'autre part ce qu'elle ne pouvait lui donner elle-même. Ce visage sans fierté acceptera toutes les simagrées humiliantes, tous les rôles.
On est loin de la reine intellectuelle, de la liseuse de l'*Encyclopédie*, qui trône au Louvre.
Vérité d'autant plus précieuse, et que complète la gradation en finesse des numéros 84 et 52, si le numéro 52, comme je le crois, est une étude de Madame de Pompadour.
(*Salon de 1755*).

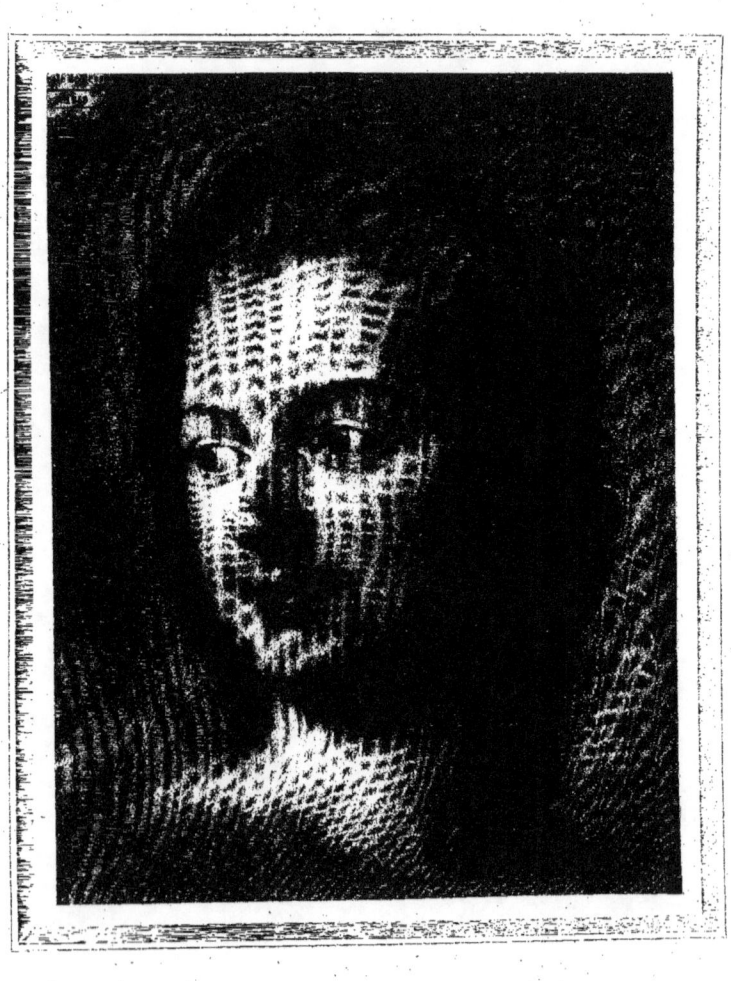

MUSÉE DE SAINT-QUENTIN   *PASTELS DE LA TOUR*
                                           N° 75

PORTRAIT DIT DE RENÉ FRÉMIN

Largeur : 0^m,24. — Hauteur : 0^m,32

Préparation.
Ce pastel, qui porte l'attribution de René Frémin, est reconnu maintenant pour ne pas être un portrait de ce sculpteur. Le nom cependant demeure sur les catalogues.
C'est une puissante tête réfléchie. Les yeux bruns, perçants, ont un regard presque dur, à force d'attention sous les sourcils froncés et les paupières inégales. Le masque est lourd, le menton massif, la bouche fermée avec une espèce de résolution maussade.
Il y a beaucoup de personnalité et de vie dans cette étude.
Une grande perruque poudrée tombe en double masse des deux côtés du visage.

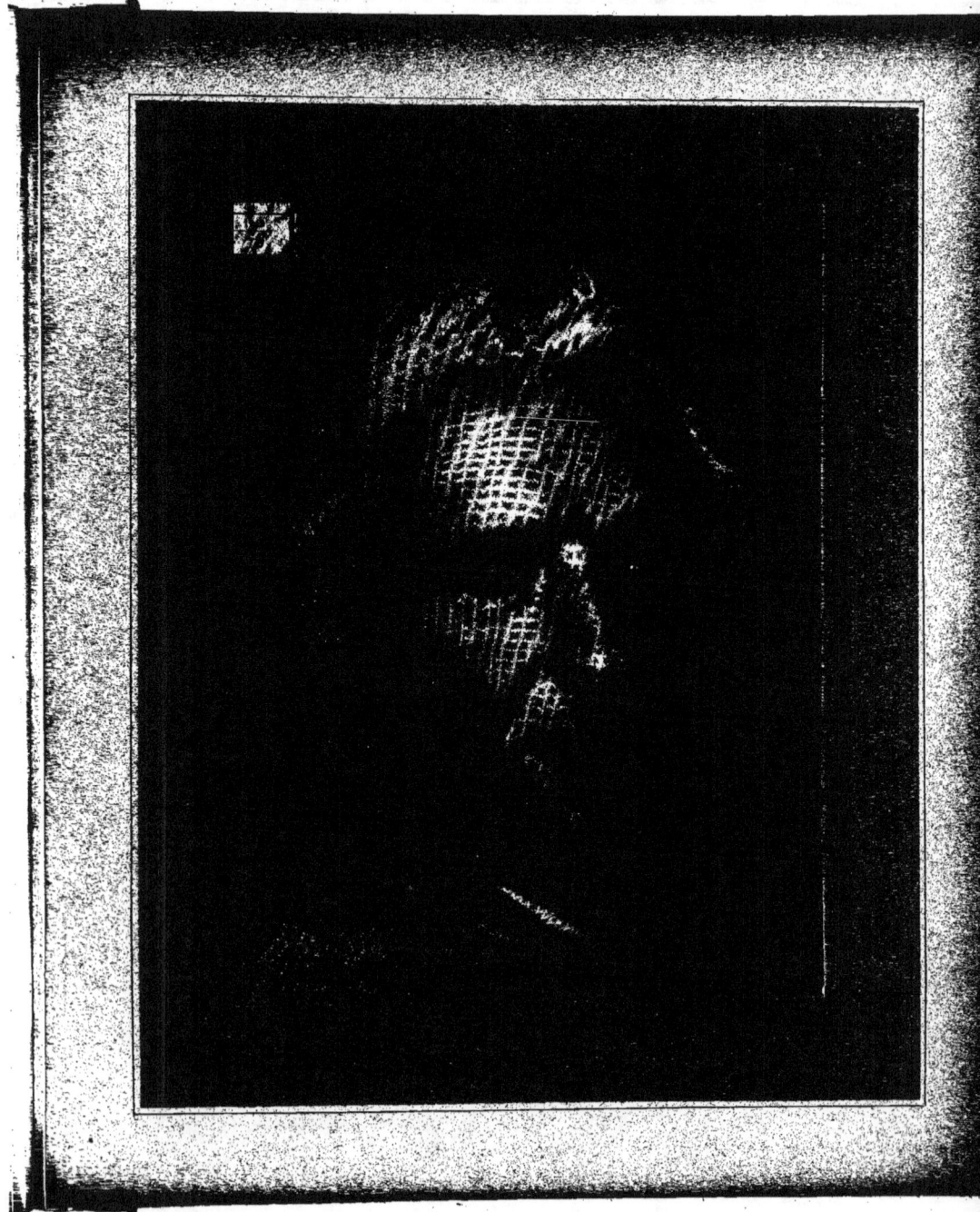

MUSÉE DE SAINT-QUENTIN   *PASTELS DE LA TOUR*
                                           N° 76

INCONNUE

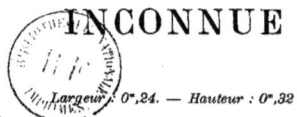

Largeur : 0™,24. — *Hauteur* : 0™,32

Préparation.
Visage d'une jolie animation, épanouie, heureuse et simple, qui fleurit surtout dans de claires prunelles bleues.

MUSÉE DE SAINT-QUENTIN   PASTELS DE LA TOUR
                                              N° 77

TÊTE D'ÉTUDE

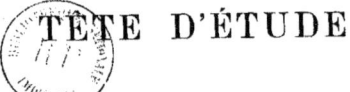

Largeur : 0^m,24. — Hauteur : 0^m,32

Copie d'une peinture probablement.
Cette grosse tête bistrée, truculente, aux cheveux noirs sans poudre, est plutôt d'un buveur flamand que d'un courtisan de Louis XV.
Travail lourd. Manque d'atmosphère.

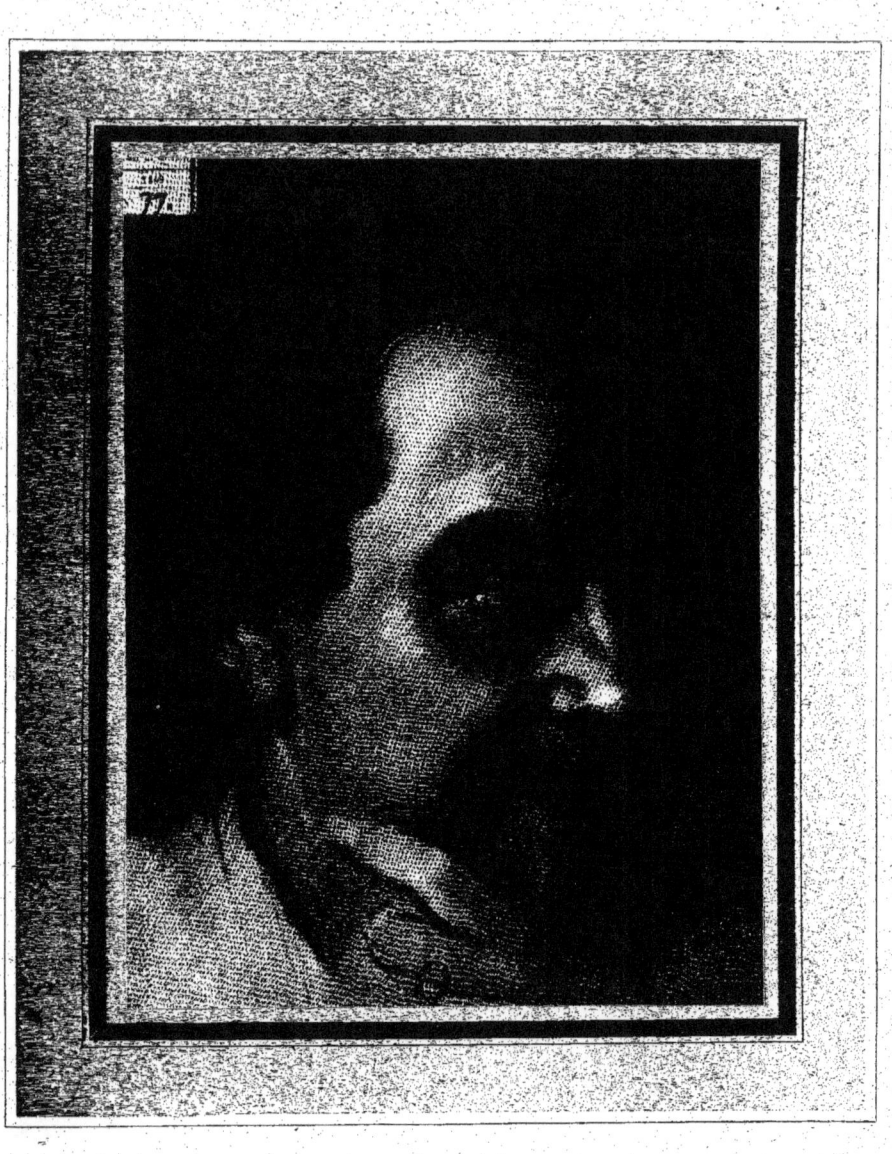

MUSÉE DE SAINT-QUENTIN   PASTELS DE LA TOUR
                                           N° 78

MADAME FAVART

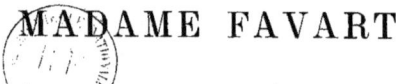

Largeur : 0m,24. — Hauteur : 0m,32

Préparation.
Le masque seulement, tout pétillant de vie, de malicieuse animation. Les cheveux rebroussés en quelques traits, sous l'indication d'une coiffe campagnarde.
Justine du Ronceray, qui épousa l'auteur dramatique Favart, eut à la scène une brillante carrière. Elle créa les principaux rôles des œuvres de son mari, excellant surtout à rendre l'astuce et la coquetterie paysannes.
Elle a bien le type de la fine mouche de village, avec sa petite figure irrégulière, brouillée, pâlotte, aux vifs yeux bruns trop emprisonnés de paupières, au court nez impertinent, à la lèvre mobile et railleuse. Point belle, point distinguée, mais se moquant de tout, prête à vous lancer quelque trait mordant, elle vous attire quand même à force d'effronterie enjôleuse, de piquant, d'insouciance.
Chose singulière, cette laideron friponne fit du glorieux maréchal de Saxe un amoureux transi. Il l'aima pendant des années, sans en rien obtenir.

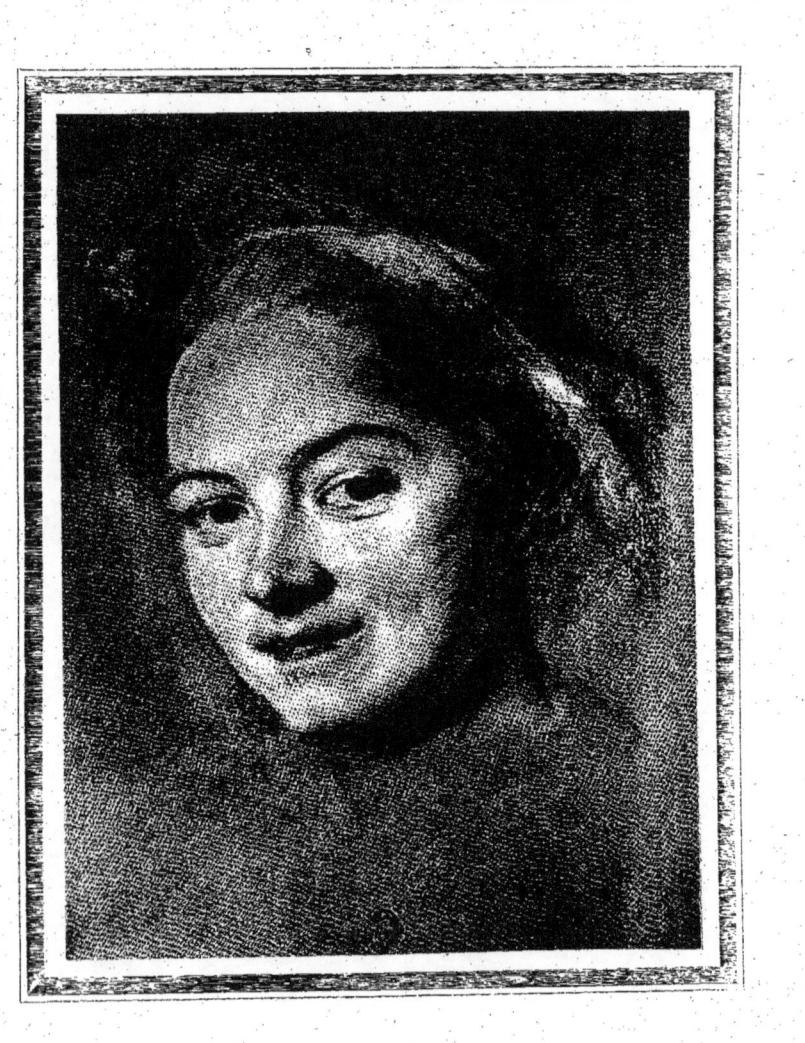

MUSÉE DE SAINT-QUENTIN   *PASTELS DE LA TOUR*
                                                N° 79

MARIE-JOSÈPHE DE SAXE
DAUPHINE DE FRANCE

Largeur : 0",24. — Hauteur : 0",32

Préparation.

Cette princesse, fille d'Auguste III, électeur de Saxe et roi de Pologne, fut la seconde femme du Dauphin, et lui donna pour fils trois rois futurs : Louis XVI, Louis XVIII et Charles X. L'aîné de leurs enfants, le duc de Bourgogne, mourut tout jeune d'un accident.

Physionomie un peu terne, de douceur banale, la bouche entr'ouverte par un sourire immobile et de commande.

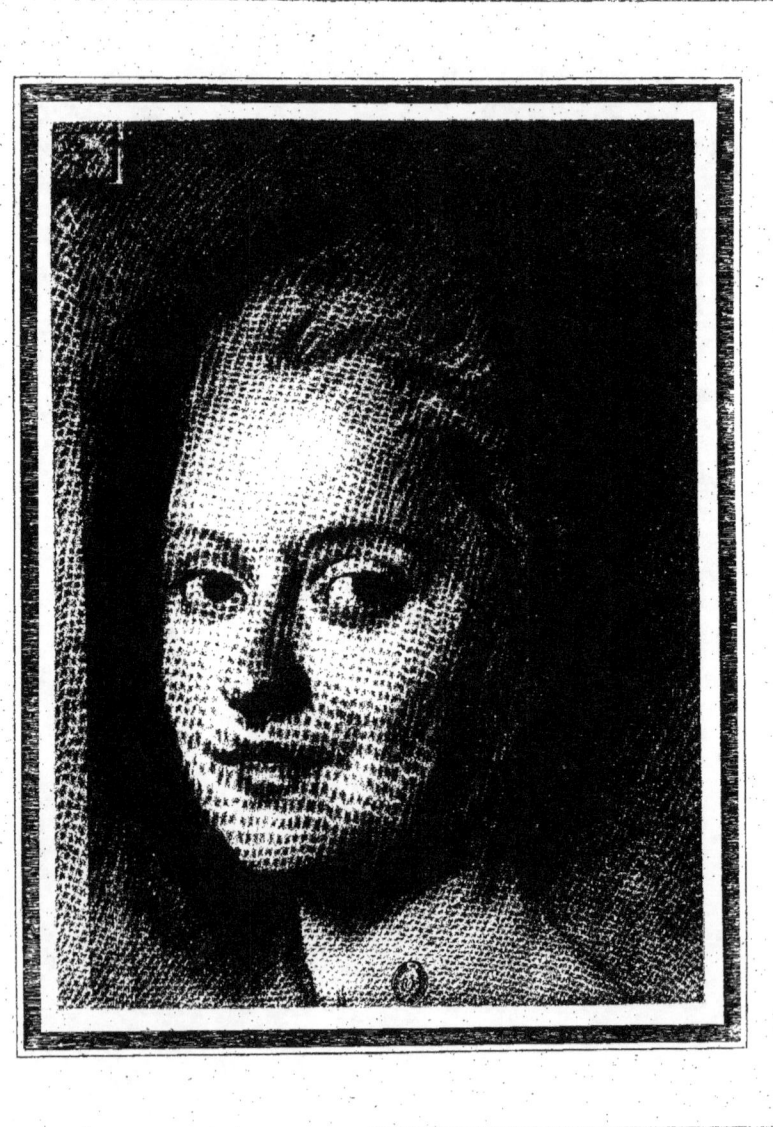

MUSÉE DE SAINT-QUENTIN   *PASTELS DE LA TOUR*
                                              N° 80

D'ALEMBERT

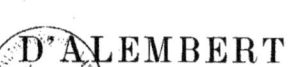
Largeur : 0ᵐ,21. — Hauteur : 0ᵐ,32

Préparation pour un portrait qui fut exposé au Salon de 1753, et qui appartient aujourd'hui à M. Danjon, professeur à la Faculté de droit de Caen. M. Danjon était le fils d'une filleule de Madame de Condorcet, et Condorcet fut le légataire universel de d'Alembert.

Nous éprouvons, devant cette représentation souriante du philosophe, le même étonnement que ses contemporains. Grimm écrivait : « Ce portrait est surprenant. M. Marmontel a fait ces vers pour lui :

A ce front riant dirait-on
Que c'est là Tacite ou Newton ? »

Un certain M. Gauthier déclarait, à cette époque, dans ses *Observations sur la peinture* :

« Je ne saurais souffrir de peindre des académiciens, des philosophes avec des affectations de joie, ainsi que dans le portrait de Manelli jouant le rôle de l'impresario. C'est encore plus mal fait de les mettre l'un à côté de l'autre ; car le portrait de M. d'Alembert rit de même que cet acteur des *Bouffons*, et on les voit du même coup d'œil. »

Cette critique de pédant est bien divertissante. Il n'y a rien de commun entre le fin sourire de d'Alembert et la bouffonne hilarité de Manelli. N'importe, notre première impression est de surprise, devant la joyeuse physionomie de l'encyclopédiste. Il faut nous rappeler que d'Alembert n'était pas ennemi de la gaieté, ni même de la farce, et qu'il faisait pâmer de rire les sociétés mondaines qu'il fréquentait, par ses imitations des acteurs à la mode.

La Tour, qui cherchait la vivacité joyeuse de l'expression plutôt que la profondeur, n'avait eu garde de puiser son inspiration ailleurs que dans ce côté séduisant du caractère de son modèle.

D'ailleurs il a pétri ce visage d'ironie et d'esprit. Le front vaste s'illumine de pensée ; les yeux petits, rapprochés, ont une intensité sans éclat qui enveloppe et pénètre ; la bouche large s'épanouit en un sourire sarcastique et sensuel. Les fortes mâchoires, les pommettes accentuées, qui tendent les joues maigres et nerveuses, complètent en vigueur l'énergie du menton proéminent.

Une blancheur pour la cravate, quelques hachures bleues pour le col, une ombre de poudre aux cheveux, et l'on dirait presque un portrait achevé.

(Salon de 1753).

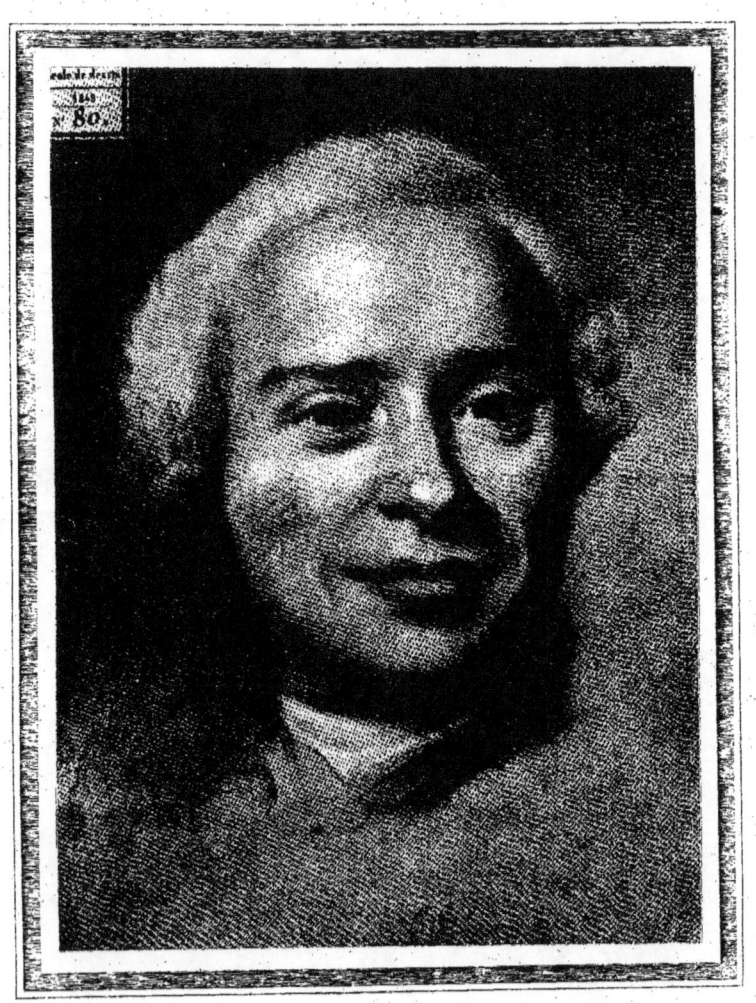

MUSÉE DE SAINT-QUENTIN   PASTELS DE LA TOUR
N° 81

PORTRAIT DIT DU MARÉCHAL DE LOWENDAHL

Largeur : 0^m,24. — Hauteur : 0^m,32

Préparation dont l'attribution est douteuse, ne ressemblant pas à la gravure de J.-G. Wille, pour laquelle la tête du maréchal de Lowendahl a été prise sur un portrait de La Tour.
Figure grasse, d'expression niaise. Sourire agaçant de bienveillance sous un petit nez de fillette. La chair jaunâtre et lourde du menton est creusée d'une fossette aimable et ridicule.
Esquisse incomplète, où l'on ne reconnaît guère un chef d'armée.
(Salon de 1748).

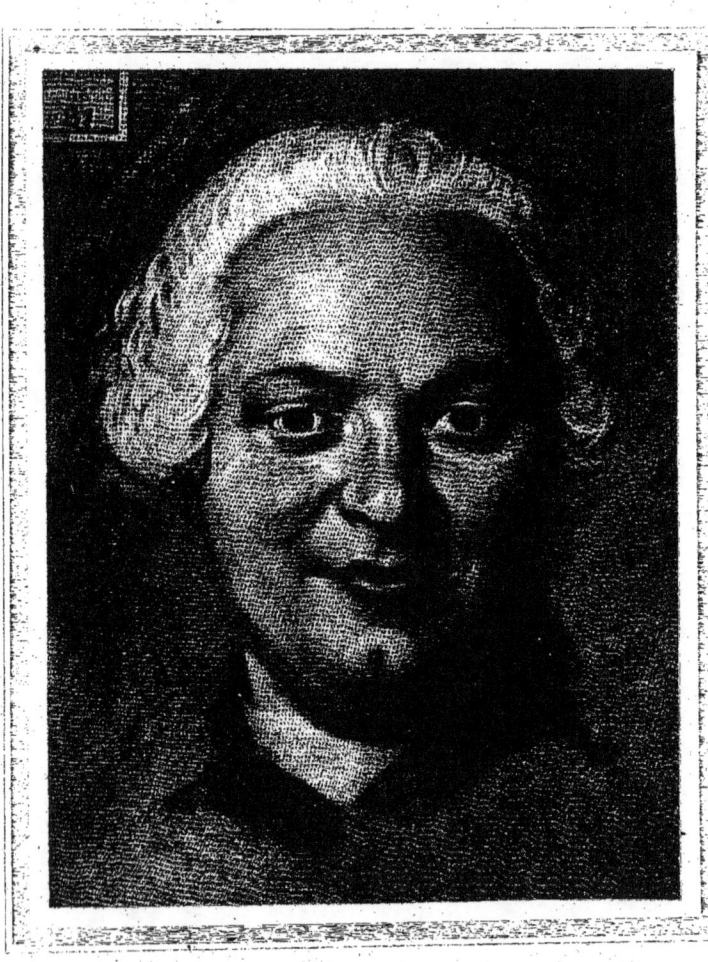

MUSÉE DE SAINT-QUENTIN PASTELS DE LA TOUR
N° 82

MADAME ROUGEAU

Largeur : 0^m,24. — Hauteur : 0^m,32

Préparation.

Figure sans beauté, mais imprégnée de cette vie attirante que La Tour donne aux moins jolies des femmes qu'il évoque sous son magique pastel.

Le visage est carré, les yeux, d'un bleu pâle, sont trop écartés l'un de l'autre, sous des sourcils trop fournis ; le nez est court et épaté. Pourtant il y a, quand même, une séduction dans le sourire.

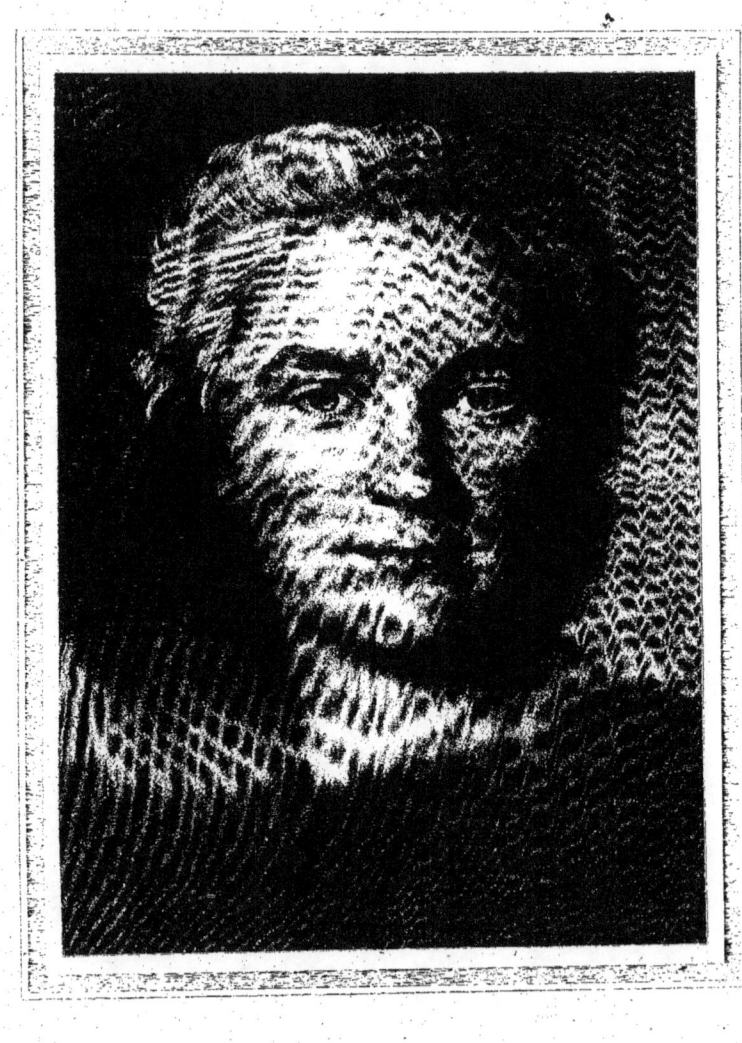

MUSÉE DE SAINT-QUENTIN   PASTELS DE LA TOUR
                                         N° 83

M. DE MONCRIF

Largeur : 0^m,24. — Hauteur : 0^m,32

Préparation.
Voici un académicien, auteur de contes aimables.
Longue figure, affinée et comme usée. Long nez surplombant un sourire qui veut être sagace. C'est le littérateur aux œuvres grises, mais de bon ton, qui, la perruque bien ajustée, le col de velours noir bien brossé de tout grain de poudre, le jabot de dentelle mousseux à souhait, s'en va dîner chez quelque marquise bel esprit.
(Salon de 1748).

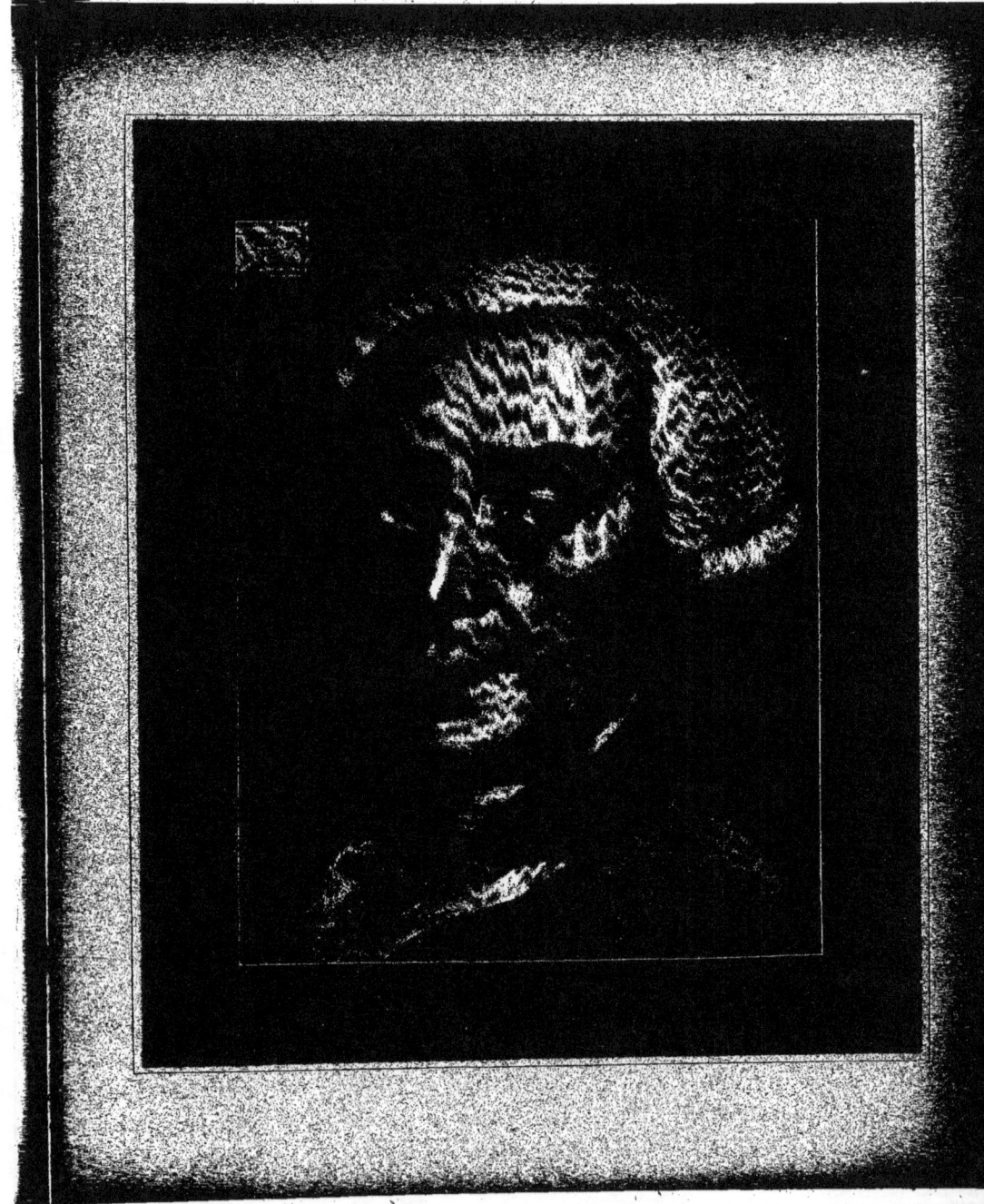

MUSÉE DE SAINT-QUENTIN   *PASTELS DE LA TOUR*
                                                      N° 84

MADAME DE POMPADOUR

Largeur : 0^m,24. — Hauteur : 0^m,32

Une des nombreuses préparations pour le grand portrait qui est au Louvre.
Celle-ci est très abîmée, ternie. Pourtant elle est plus idéalisée que les autres et délicieuse à voir.
Quelque chose de vaporeux, de rêveur et de doux flotte sur ce visage. La bouche et les yeux ont une suavité attendrissante.
La maîtresse royale prend ici, — chose bizarre, — un air de madone, accentué par le crayon bleu qui entoure la tête à la façon d'un voile biblique.
Évidemment La Tour a fait poser cette changeante figure en des expressions variées, jusqu'à ce qu'il se soit arrêté à la jolie grâce pédante de l'effigie officielle.

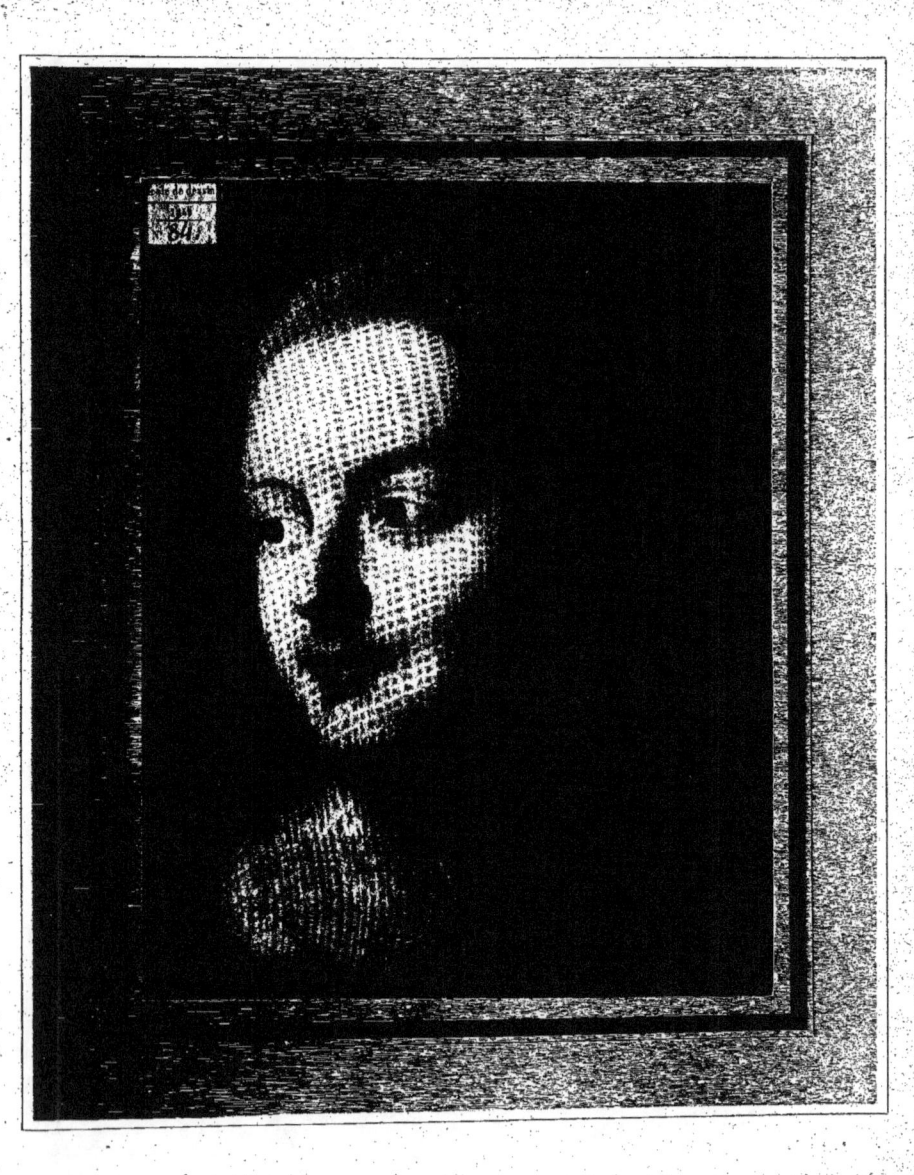

MUSÉE DE SAINT-QUENTIN   PASTELS DE LA TOUR
                              N° 85

LA DAUPHINE ET LE DUC DE BOURGOGNE

Largeur : 1m,14. — Hauteur : 1m,50

C'est une immense préparation où les figures ont peu d'importance parmi la multiplicité des accessoires.

La Dauphine, assise, tient la main gauche de son fils, dont la main droite garde la toque bleue à plumes qu'elle laisse pendre à bout de bras. Le petit prince est debout, tout de bleu vêtu, un grand cordon bleu en sautoir.

Il porte une perruque poudrée qui donne un air vieillot à son visage enfantin. Le justaucorps azur à brandebourgs d'argent lui serre la taille, et le pantalon collant de même nuance se termine en guêtres couvrant le pied, dont on voit à peine le bout dans ses chaussures de velours bleu.

Sa mère porte une robe de velours rose garnie de bandes de zibeline, un manteau de cour en velours bleu doublé d'hermine et des manches en mousseline blanche bouillonnée.

Ces étoffes ainsi que le tapis à fleurs, les draperies des rideaux, sont traités merveilleusement : des lumières jouent aux cassures des velours et l'œil se caresse à leurs plis chatoyants.

Mais ce qu'il y a de curieux dans ce tableau, c'est l'accumulation des bibelots significatifs et le souci minutieux avec lequel ils sont représentés. C'est un portrait du Dauphin et un buste de Louis XV ; un album ouvert, dans lequel on distingue un portrait de Marie Leczinska et le dessin d'un bateau ; des meubles de toutes sortes : consoles, appliques, cadres, tabouret en forme d'X, sur lequel jouent un chien et un chat. Ces deux petites bêtes, — il faut en convenir, — donnent une pauvre idée des dispositions de La Tour comme animalier.

On distingue la peinture des dessus de portes. Par la fenêtre ouverte on aperçoit un factionnaire, le fusil sur l'épaule, et des femmes de chambre promenant les enfants.

Sans avoir l'intérêt des portraits de La Tour, cette grande esquisse a dans son œuvre, une valeur d'exception et de curiosité.

Le tableau dont elle était la préparation aurait, paraît-il, été détruit en 1793.

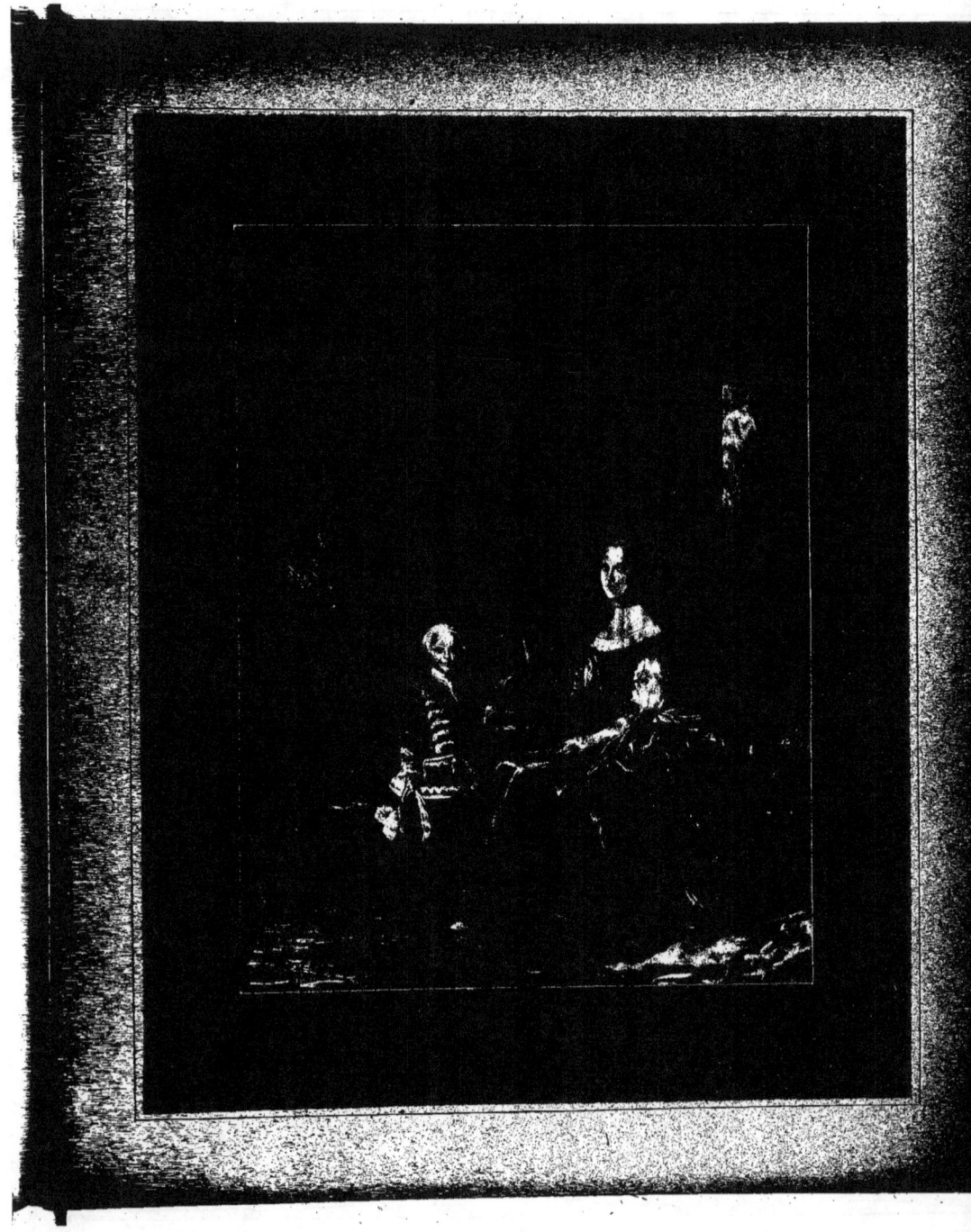

MUSÉE DE SAINT-QUENTIN   PASTELS DE LA TOUR
                                                N° 86

INCONNU

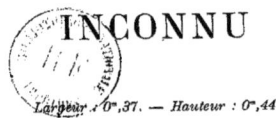

Largeur : 0m,37. — Hauteur : 0m,44

Même préparation qu'au numéro 48, mais plus poussée.
Longue figure, avec des petits yeux rapprochés, comme perchés en haut de ce grand visage. Sourire fin et pincé. Perruque à marteaux. Cravate blanche. Une sorte de peignoir bleuâtre jeté sur les épaules.

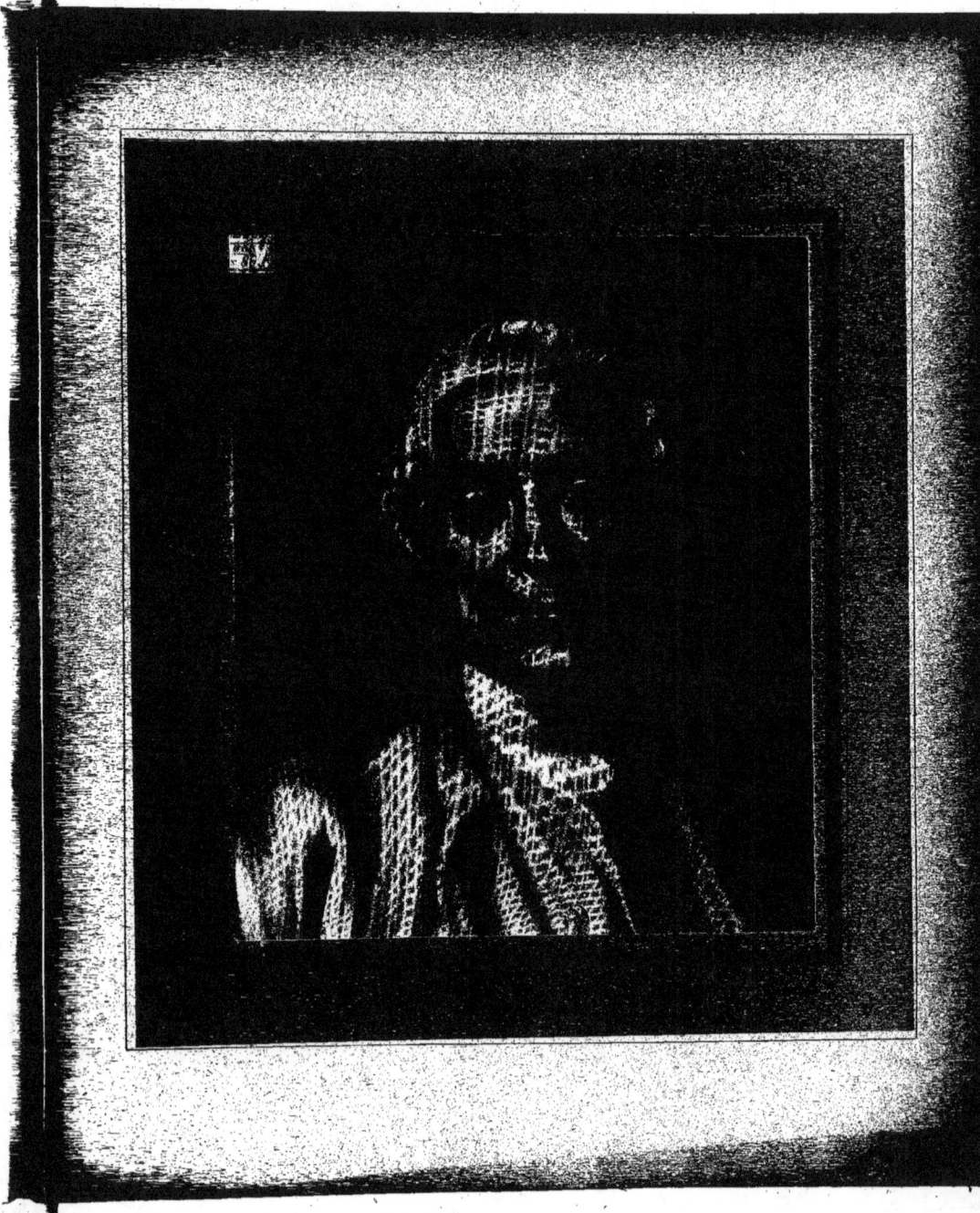

MUSÉE DE SAINT-QUENTIN   PASTELS DE LA TOUR.
                                        N° 87

TÊTE DE BOUFFON

Largeur : 0^m,29. — Hauteur : 0^m,39

www.ingramcontent.com/pod-product-compliance
Lightning Source LLC
Chambersburg PA
CBHW050213230526
45470CB00001B/361